JN103583

ふるさと広島 今昔散歩

広島・宮島・呉・尾道・福山・瀬戸内の街と島々・県北部

広島市横町【明治後期】商店が並ぶ横町の風景。古い広島の繁華街だった。

Contents

広島県鳥瞰図【昭和戦前期】

まえがき

　令和という時代に再び、オリンピックがやってきた。その日本、そして世界をいま目に見えないものが、大きく変えようとしている。人々の暮らしが変わり、街の姿も変わりつつある中で、先にある光景はまだ、私たちが予測できないものだ。

　しかし、過去を振り返るとき、街や村の姿は一瞬にして変わることもあった。戦争や地震、そして水害などを体験したとき、人々は目を凝らし、立ちすくむこともあったのだ。そんな経験をして、人々は再び立ち上がり、古い風景が甦り、新しい風景が誕生してきたのである。、人や風景は立ち止まってはいない。それは今も昔も変わらない。

　日本の47都道府県の中で、過去に最も大きな変化を遂げた場所のひとつが、広島県ではないだろうか。それは毎年の夏、平和記念式典のニュース映像で、街の風景が映し出される際、私たちが感じることである。古い広島の街が原爆により、一瞬で消え去ったことは衝撃である。忘れることのないように、街と人々の記憶は語り継がねばならないのだ。

　一冊の本として、日本の古い街、風景の記録を残そうと考えたとき、対象としてまず思い浮かんだのが広島だった。平和都市・広島とともに、軍港だった呉、城下町の福山、港町の尾道など、個性的な街が多く存在するからである。それを一冊にまとめるとき、ほどよい資料があったことも選んだ理由となった。ここに収めた広島の写真、絵葉書、地図などは、すべて過ぎ去ったときの貴重な証、記録である。本来ならば、もっと今昔の対比をすべきところだったが、世の中の状態から満足にはできなかったことをおわびしたい。

　この本の企画が実現したのは、多くの方の御力添えがあったからである。特に、多くのキャプションの執筆を行っていただいた、福山出身の碓井直輝さんには大いに感謝するところである。ご覧いただいた読者を含めた皆様に、深く感謝を申し上げます。

2021（令和3）年8月　生田　誠

本川のカキ舟【昭和戦後期】
広島名物のカキ料理を提供したカキ舟。一時は、日本各地の街にこのスタイルの店があった。

01 CHAPTER

広島

原爆から甦った平和都市

八丁堀付近を走る路面電車。復興する街にビルが建ち始めていた【昭和戦後期】

広島駅【昭和戦前期】
この写真に写る広島駅の鉄筋コンクリート製の駅舎は、1922（大正11）年に建てられた。原爆により大きな被害を受けたものの、昭和30年代まで使用されていた。手前には人力車や車の姿が映る。

現在の広島駅

01-1 広島駅、駅舎と構内

　現在の山陽本線を開通した山陽鉄道は1888（明治21）年11月、兵庫〜明石間で最初の路線を開通した。早いペースで西へと延伸し、1891（明治24）年9月には笠岡〜福山間を開業して、広島県内にたどり着いた。その後、福山〜尾道〜三原間と延伸し、1894（明治27）年6月には広島駅まで開通している。

　山陽鉄道の終着駅となった広島駅からは、日清戦争の勃発による人員、物資の輸送用として、同年8月には陸軍省の委託で広島〜宇品間の軍用線（後の宇品線）も開かれる。1897（明治30）年9月には徳山駅まで延伸して途中駅となった。その後、山陽鉄道は1906（明治39）年12月に国有化されている。

　この広島駅が置かれたのは、当時の広島市の北端で、その北には牛田村、矢賀村が広がっていた。駅の北側には陸軍の東練兵場や騎兵第5連隊の駐屯地があった。また、南側の駅前には広島駅前郵便局が置かれていた。広島駅の駅舎は、明治期に2つの時期の木造駅舎があったとされているが、その写真はほとんど残されていない。よく知られているのは、1922（大正11）年に竣工したコンクリート製の駅舎で、当初の設計は二代目京都駅と同じ建築家の渡辺節である。1965（昭和40）年12月に現在の駅舎（民衆駅）が誕生している。

広島駅【昭和戦前期】広島駅の駅前に何台もの乗合バスが並んでいる。緑色の車体には「廣島乗合自動車株式會社」の文字。この会社は1938（昭和13）年、広島瓦斯電軌（現・広島電鉄）と合併して、広電のバス事業の主体となった。左手に見えるのは広島駅前郵便局である。

広島駅と広島駅前郵便局【昭和戦前期】広島駅前郵便局は1923（大正12）年に開局している。戦後の1958（昭和33）年に広島郵便局（二代目）に改称し、その後、広島中央郵便局を経て、1985（昭和60）年に広島東郵便局に局名を改めた。現在はタワーに改築中で、別の場所で営業している。

広島駅構内【明治後期】
山陽鉄道時代の広島駅の構内。山陽鉄道は1888（明治21）年1月に設立されて、11月に兵庫〜明石間で開業した。広島駅までの延伸は1894（明治27）年6月で、このときに広島駅が開設された。消印から日露戦争当時の風景であることがわかる。

広島駅【明治後期】
人力車が並ぶ明治後期の広島駅。木造平屋建ての駅舎だった。

広島駅【昭和戦後期】
1965（昭和40）年に誕生した広島駅。当時は東京駅（八重洲口）、新宿駅、天王寺駅などと比較される大きな駅として話題になった。

西広島駅付近の俯瞰【大正期】
広島市西区にある旭山神社から見た、国鉄の西広島駅付近の俯瞰。太田川を渡って市内中心部からやってきた、広島瓦斯電軌（現・広島電鉄）の市内線の電車が見える。広電はここに本線（市内線）の己斐電停を置き、宮島線の広電西宮島駅と接続していた。

The bridge Yenkohbashi, Hiroshima. (The famous place fo Hiroshima.)

猿猴橋　（広島名所）

猿猴橋（えんこうばし）【昭和戦前期】猿猴川に架かる猿猴橋を東側から望む。写真の橋は1926（大正15）年に建設された鉄筋コンクリート製で、橋上には自動車の姿が見える。この橋は鷲の像がトレードマークで、戦時中の金属回収令により失われたものの、2016（平成28）年に元の姿に復元された。

01-2 猿猴橋、いろは松

　広島駅の南側には猿猴川が流れており、猿猴橋が架けられていた。猿猴川の名称の由来は、伝説の動物である猿猴が棲んでいるからと言われ、この猿猴は河童の一種と見なされている。下流の段原地区では、毎年秋に猿猴川河童祭りが開催されてきた。猿猴橋は西国街道が通る重要な橋で、後には国道が走る橋となったが、最初の橋は安土桃山時代の架橋とされている。現在の橋は1926（大正15）年に架橋され、2016（平成28）年には戦時中に供出されていた金物飾りが復元された。

　この橋の東側は猿猴橋町と呼ばれ、広島電鉄本線の猿猴橋町電停が置かれている。広島駅の所在地が南区松原町であることでもわかるように、このあたりはかつて「松原」の地名で呼ばれていた。これは当時の西国街道（後の国道2号）沿いには、「いろは松」という松並木が存在していたことによる。いろは四十八文字にちなんだ立派な松並木は、大正期までは存在したが、次第に枯れて今は残されてはいない。

現在の猿猴橋。1926（大正15）年に竣工した猿猴橋は、土木学会選奨土木遺産になっている。

猿猴橋【昭和戦前期】西側から見た猿猴橋か。奥には「藝備銀行」（現・広島銀行）の文字が入った洋館（支店か）が建っている。右側には「市場」の文字が見え、この付近一帯が栄えていたことがうかがえる。

東松原の賑わい【大正期】現在の松原町付近の路上風景。「いろは松」と呼ばれた名木には、石柵が設置されており、地元の人々から大事に守られていたことがうかがえる。着物を着た子どもたちとともに、パラソルを差した袴姿の女性（女学生か？）が歩いている。

広島松原・いろは松【明治後期～大正初期】猿猴橋の東側には広島名所のひとつ、美しい松原が存在した。これは西国街道の松並木の名残で、48本あることから「いろは松」と呼ばれた。何度も植え替えられた後、大正期まで存在した。

広島東練兵場【昭和戦前期】
広島駅の北側に広がっていた陸軍第5師団の広島東練兵場。グラウンドの中央には、多くの軍人たちが集まって、空を飛ぶ飛行機を眺めている。

広島駅付近【昭和戦前期】
広島駅の駅前には広島駅前郵便局があり、さらに南側には公設市場や倉庫が存在していた。南東は松原町、猿猴橋町、荒神町となっている。山陽本線の東側には広島操車場、機関庫が置かれていた。現在は拡大、発展する形で、さらに東側に広島貨物ターミナル駅、広島運転所が誕生し、2004（平成16）年には天神川駅が開業している。

大田川の清流、不動院附近【昭和戦前期】
太田川を揚々と帆船が航行している。不動院は平安時代に創建され、多くの有力者から寄進を受けた。現在の金堂は
1540（天文9）年に安国寺恵瓊により復興されたもので、原爆の被害を受けながらも焼失を免れ、広島市内唯一の国宝に指定
されている。

現在の太田川。「水の都」と呼ばれる広島の街を流れる二級
河川。

広島長寿園の桜花【大正期】
長寿園は1910（明治43）年、西白島の薪炭商・
村上長次郎が社会貢献を目的として、土手に
植樹して始まった桜並木。1916（大正5）年に
一般開放された。戦前は広島市内有数の桜の
名所だったが、原爆により壊滅。現在は新た
に植樹されている。

01-3 太田川と水源地

　広島県下を流れる一級河川、太田川は、下流の広島市内では太田川放水路と旧太田川に分流する。太田川放
水路は、下流域の洪水対策として昭和初期から工事が始まり、1967（昭和42）年に完成したもので、市内西側
を流れる山手川を拡幅したものである。一方、旧太田川は、本川のほか天満川、京橋川、元安川、猿猴川に分
かれて広島湾に注ぐ。太田川の名称は、上流の太田郷（現在の安芸太田町）に由来している。広島城は太田川
下流のデルタ地帯に開かれ、この川の流れを天然の濠とした城郭であった。

　また、この太田川は広島市の重要な水源だった。江戸時代には安芸郡牛田村（現・広島市東区）の清水谷か
ら縮景園へ、清らかな水が竹樋などで送られていた。日清戦争前後、広島市内、宇品港などで市民、軍隊のた
めに上水道の整備が急務となり、1898（明治31）年に牛田村に牛田浄水場・水源地が設けられた。その際、日
通寺下流の牛田水源地から取水された水が牛田浄水場の沈殿池でろ過され、市内に給水された。その後、祇園
町（現・安佐南区）の東原、西原が新たな水源地となり、1935（昭和10）年に己斐配水池（場）が設けられた。

広島市上水道水源地【大正期】
牛田浄水場は1898（明治31）年、全国5番目の水道となる広島市水道の整備に合わせて建設された。原爆により多少の被害を受けたものの、その日の内に一部の給水を再開した。写真内の建物は現存しないが、煉瓦造の送水ポンプ室など数棟が現存し被爆建物に指定。

原村取水場【昭和戦前期】
広島市の原村取水所における水管埋設工事の風景。昭和戦前期に存在した安佐郡原村は、1943（昭和18）年に祇園町の一部となり、1972（昭和47）年に広島市に編入されている。

広島水源地【大正中期〜昭和戦前期】
別角度から見た現・牛田浄水場。大きな張られたテントの存在や盛装した人々の服装から、何かの祝典の際に撮影されたものかと思われる。

己斐調整場の貯水池【昭和戦前期】
広島市水道局が己斐周辺の丘陵地へ給水するため、1935（昭和10）年、牛田浄水場の調整場として建設した。原爆による被害を受けたが、ポンプ室の建物が一部倒壊したのみに留まる。現在は緑井浄水場の配水池として稼働し、旧送水ポンプ室が現存する。

太田川【昭和戦前期】
水源地付近の太田川流域の地図である。軍都・広島らしく、水源地南側には陸軍の工兵作業場があり、工兵橋を渡った先には工兵第5大隊が置かれていた。工兵橋は演習用の木橋だったが、1921（大正10）年に吊橋に変わった。その後、2回の架け替えがあり、現在の橋は1954（昭和29）年に竣工、1986（昭和61）年に補強された。太田川沿いにはサクラの名所、長寿園があった。

01-4 相生橋

相生橋【大正期】木橋だった時代の相生橋である。左の「く」の字型の橋が相生橋で、右の橋は1912（大正元）年に架橋された広島電気軌道（現・広島電鉄本線）の電車専用橋。川沿いには日本家屋の家並が所狭しと並び、「大學目薬」の広告も映る。

元安川の電車橋【大正期】太田川に架けられた、広島電気軌道（現・広島電鉄本線）の電車橋。木造の橋桁の橋で、大正期に架橋されたものか。橋上を行く電車は、広島電気軌道100形か。

相生橋【昭和戦前期】国道2号が通る相生橋は、木造桁から鉄板桁に架け直されて、路面電車の軌道を併設するために道幅が約24.5メートルに拡大された。この写真の相生橋は架け直してまだ間もない頃で、広島県産業奨励館（現・原爆ドーム）が見える。

現在の相生橋。橋の上には相生通りと広島電鉄が通っている。

相生橋【昭和戦前期】木造の相生橋から連絡橋を望む。前の写真と同じく、まだ「H字型」である。木造の相生橋沿いには流木対策と思われる木材が立てられている。1940（昭和15）年に木造の相生橋は撤去され、相生橋は「H字型」から「T字型」になった。

相生橋、広島商工会議所【昭和戦後期】バラックや民家が増えつつある市街地を背景にした相生橋。この相生橋のT字型を目標点に原子爆弾が投下された。原爆は相生橋から300メートル離れた、島病院上空550メートルで爆発した。橋は倒壊しなかったものの、欄干が破壊されて、歩道の一部が1.5メートル隆起し破壊された。

相生橋、太田川の夕景【昭和戦後期】太田川と相生橋の夕景。橋の上には、広島電鉄の軌道線と自動車の姿がある。

広島郵便局前【大正期】広島郵便局は、1872（明治5）年に誕生した広島郵便取扱所がルーツで、広島で最も古い郵便局である。この付近（細工町、現・大手町）は相生橋のたもとに近い場所にあり、広島の古い商業地で、「引地反物店」や「呉服」「サクラビール」、「仁丹」などの看板や広告が見られる。

広島郵便局【大正期】細工町にあった時代の広島郵便局付近の風景。この3階建ての局舎は、1893（明治26）年に竣工している。原爆の被害を受けた局舎は、戦後に基町に移転して広島西郵便局となり、現在は天満町に存在している。

　「相生橋」という名称の橋は、この広島の他にも東京、宮崎などにも見られ、名称の由来は、2つの橋が「相合う」こととされる。この橋が架けられているのは、旧太田川が本川と元安川に分流する地点で、南側には中洲が存在している。1878（明治11）年、東側の紙屋町から中洲の先端（慈仙寺鼻）を通り本川町に至る、くの字形の木橋が架けられる。これが初代の相生橋で、当初は「相合橋」と呼ばれていた。この橋は、橋を架けた地元民が代金を徴収する銭取り橋だった。

　その後、この橋の上流に広島電気軌道の通る専用橋（電車橋）が架橋される。2つの橋が並列する時代が続いた後、1919（大正8）年の洪水で落橋した2つの橋に代わるものとして、旧電車橋の位置にコンクリート製の新橋が建設されることになる。これが1932（昭和7）年に完成する二代目の相生橋で、国道2号と電車軌道が上を通る形になった。さらに1934（昭和9）年、この二代目と初代の木橋を結ぶ連絡橋ができ、相生橋はH字形の橋となった。しかし、初代の木橋はやがて撤去され、1940（昭和15）年には相生橋は中洲側への連絡橋を含めた、現在のようなT字形の橋となった。

01-5 元安橋、物産陳列館

　元安川は、広島デルタを形成する6河川のひとつで、その名称は川に架かる元安橋に由来する。元安橋は、安土桃山時代に最初の橋が架橋されたといわれ、日本百名橋のひとつにもなっている広島を代表する橋である。その位置は相生橋の下流であり、東側の中区大手町、紙屋町と西側の中洲、平和記念公園方面を結んでいる。また、左岸の北側には原爆ドーム（旧・広島県物産陳列館）があり、広島市を訪れる観光客にもおなじみの橋である。現在の橋は1992（平成4）年に架け替えされたものである。

　元安川といえば、広島名産のかき料理を味わえる、かき船の存在にも触れておきたい。かき船は、川の上に浮かんだ船の上で、かき料理を食べさせる店で、江戸時代に広島の商人が大坂でまず生かきを売り出し、幕末には料理も供するようになった。その後は全国にも広がり、東京や京都などにもかき船が出現した。地元、広島でもかき船が営業し、現在は元安川の平和大橋付近に2隻（かなわ、ひろしま）が残っている。後のページで紹介する平和大橋は、戦前にあった木橋「新橋」が1952（昭和27）年にコンクリート橋に代わり、名称を改めたものである。

元安橋【昭和戦前期】着物や制服姿の子どもたちが渡っている元安橋。この橋は、1926（大正15）年に同じ様式で架け直された。親柱には写真のような球体型の照明を、欄干には照明灯が設置されていた。

現在の元安橋。1992（平成4）年に架け替えられて、日本百名橋になっている。

元安橋と広島県商品陳列所【大正～昭和戦前期】
元安橋は明治期までは木造で、1919（大正8）年の洪水で落橋した翌年（1920年）、鋼ゲルバー鈑（ばん）桁橋に架け替えられた。後ろに映るのは広島県商品陳列所に改称した、旧広島県産業奨励館（現:原爆ドーム）。

元安橋【大正期～昭和戦前期】元安橋と東詰付近の風景。川岸には樽などが置かれており、屋台を出す人の姿も見える。奥に見える高い瓦屋根は、広島郵便局か。

元安橋【大正期～昭和戦前期】元安橋の照明灯と「元」の漢字をかたどった鉄の欄干が見える。奥にあるのは広島県商品陳列所（現・原爆ドーム）。

元安川の下流【大正期～昭和戦前期】
元安川には、多くの木船が航行している。右奥には不動貯蓄銀行。

元安川の下流【大正期～昭和戦前期】柳の木に小舟が係留されている元安川下流の風景。場所は不明。

広島県物産陳列館【大正期】広島県物産陳列館は1915（大正4）年チェコ人の建築家、ヤン・レッツェル設計によって建設され、主に広島県の特産品や工芸品の展示場として利用された。

現在の原爆ドーム。元安川沿いに残る原爆ドームは、広島を代表する名所になっている。

元安橋【昭和戦前期】
元安橋が架かる現・原爆ドーム（商品陳列所）付近の地図であり、Y字形の相生橋が見える。現在は平和記念公園が広がる中島町はこの時期、中島本町、材木町、元柳町で、寺院や家屋などが存在していた。現在の原爆ドーム前停留場は、このあたりに広島城の三番櫓があったことから、櫓下停留場と呼ばれていた。この後、相生橋停留場と改称し、1974（昭和49）年に現在の名称となる。

本川橋【大正期〜昭和戦前期】江戸時代には猫屋敷橋と呼ばれていた本川橋は、1897（明治30）年にアーチ型鋼製の橋に架け替えられた。このときの鋼桁は山口県光市にあった旧光海軍工廠の廃材を再利用している。原爆で落橋し1949（昭和24）年に再架橋された。

現在の本川橋。上流側には人道橋（歩道橋）が併設されている。

横川橋【昭和戦前期】天満川に架かる横川橋は、もともとは木造の橋だったが、1919（大正8）年の洪水後にアーチ型鋼橋に架け直された。この写真では、照明灯が付けられた立派な親柱と左側通行を促す道路標識が見える。

太田川橋【大正期】「可部街道」と呼ばれた出雲石見街道が太田川を渡る木橋で、1904（明治37）年に架橋された。1919（大正8）年の洪水により落橋し、1923（大正12）年鋼製橋に架け替えられている。舟運の小舟が多く行き交う風景である。

01-6 川と橋

　　水都と呼ばれる広島には、これまで紹介してきた川と橋以外にも、多数の川と橋が存在する。広島デルタの中央部を流れる本川には本川橋、西平和大橋、住吉橋などが架けられている。このうち、本川橋は安土桃山・江戸時代から西国街道の橋として存在し、1897（明治30）年に鋼トラス橋に変わった。現在の橋は、1949（昭和24）年に架橋されたものである。

　　京橋川には、旧西国街道が走り、川の名の由来となった京橋のほか、比治山橋、御幸橋などが架けられている。下流に近い南区皆美町と中区千田を結ぶ御幸橋は、広島電軌の路面電車が通る併用橋で、明治時代には広島で最も長い木橋の「長橋」が存在した。その後、明治天皇が大本営と宇品港の間を往復する際に渡ったことで、御幸橋と呼ばれるようになった。その後、鋼橋となった後、老朽化したことで1990（平成2）年に現在の橋に架け替えられた。

　　横川橋は、天満川最上流の橋で、西区横川町と中区寺町を結んでいる。この橋は江戸時代に出雲石見街道（可部街道）の橋として架けられ、大正時代（1920年あるいは1923年）に鋼アーチ橋に変わった。現在、すぐ下流には広電横川線が走る横川新橋が存在する。

平和大橋【昭和戦後期】
元安川に架かる平和大橋は、西側の本川に架かる西平和大橋と一対になっている。もとはこの場所に、新橋が架けられていた。

御幸橋【大正期〜昭和戦前期】初代の木造橋は1911（明治44）年に木造で再架橋された。全長約207メートルを誇り、当時市内一の橋だった。この写真の橋は、欄干の形が再架橋時とは異なっており、大正期に欄干を新たな物と取り替えたと思われる。

御幸橋【昭和戦前期】御幸橋は1931（昭和6）年、老朽化に伴い、写真の様な照明灯を兼ね備えた鋼桁橋に架け直された。このときに広島電鉄の路面電車が、橋の上を通ることとなった。

本川橋の御供船【大正期〜昭和戦前期】
「御供船」は様々な意匠を凝らした船が繰り出す広島の伝統行事で、昭和初期まで続いた。左奥は芸備銀行（現・広島銀行）。

本川橋から下流を臨む【大正期】本川橋から新大橋（現・西平和大橋）を望む。写真には1873（明治6）年に木造で建設された初代の新大橋が映る。木造の橋桁が低いために、本川を走行する小さな木船が通ることができた。

現在の平和大橋。平和記念公園の東側、元安川に架かり、市中心部との間を結んでいる。

広島城【明治後期〜大正期】現在の広島市立基町高校がある
中区西白島町付近（北側）から見た広島城。堀には芦のよう
な植物が生い茂っている。

広島城天守閣【昭和戦前期】広島市立基町小学校付近（西側）
から見た広島城天守閣。堀には蓮が生い茂っている。広島城
天守閣を縦に映したタイプの絵葉書は多く作られ、特に昭和
戦前期には史蹟名勝天然記念物保存会広島支部により発行さ
れていたものが多い。

現在の広島城。戦後に復元さ
れた広島城の天守。

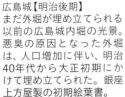

広島城【明治後期】
まだ外堀が埋め立てられる
以前の広島城内堀の光景。
悪臭の原因となった外堀
は、人口増加に伴い、明治
40年代から大正初期にか
けて埋め立てられた。銀座
上方屋製の初期絵葉書。

広島城遠望【明治後期〜大正期】民家に雪が積もる冬の風景。
天守閣の北東にあたる、現・広島市立白島小学校付近からの
撮影。柳の木が見えるこの付近は、大正初期まで内堀と外堀
がつながる地点だった。

01-7
広島城・縮景園

　戦国時代、西国の雄となった毛利氏が当主、毛利
輝元の時代に安芸吉田城から本拠地を移したのが
広島城である。当時の五箇村で築城が始まった
のは1589（天正17）年で、大坂城を参考にしたといわ
れる。1593（文禄2）年に石垣が完成し、1599（慶
長4）年に全工事が終わった。「広島」の地名は、
このときに名付けられたとされている。

　広島城の城主は毛利氏から福島氏（正則）、浅野
氏へと変わり、江戸時代を通じて浅野家広島藩42
万石の居城となってきた。別名は鯉城である。

　明治維新後は、本丸に広島県の庁舎が設けられ、
この県庁は後に三の丸、国泰寺に移った。代わって
広島城には、陸軍の広島鎮台が置かれ、この鎮台は
1888（明治21）年に第5師団となっている。日清戦
争中には、戦争を指揮する大本営が置かれ、1894・
1895（明治27・28）年にかけて、明治天皇は広島に
滞在し、第7回帝国議会も広島で開かれた。その後、
原爆投下により、天守、本丸御殿などは倒壊した。
現在の天守は、1958（昭和33）年に広島復興大博覧
会が開催された際に再建された。

縮景園（泉邸）【明治後期～大正期】
濯纓池（たかえいち）に浮かぶ跨虹橋（ここうきょう）と呼ばれる石橋と清風館と呼ばれる茶室が映る。「縮景園」は戦後の呼び名で、戦前は「泉邸（せんてい）」として親しまれた。

縮景園、二羽の鶴【明治後期～大正期】1914（大正3）年、大正皇后より2羽の丹頂鶴が広島藩最後の藩主・浅野長勲（ながこと）へ寄贈された。写真に映る2羽の鶴はこのときに寄贈されたもの。

縮景園、跨虹橋【明治後期～大正期】跨虹橋（ここうきょう）は1786（天保6）年、広島藩7代目藩主浅野重晟（しげあきら）の命により竣工。縮景園は原爆投下で荒廃したが、元の姿を保っている数少ない建造物。

縮景園【現在】
縮景園は江戸初期にできた、広島藩主浅野家の別邸が起源となっている。1940（昭和15）年に浅野家が広島県に寄贈し、県が管理する庭園となった。国の名勝。

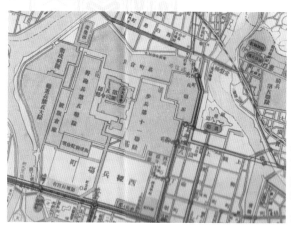

広島城【昭和戦前期】
広島城、西練兵場付近の拡大図。広島城に置かれていた第5師団司令部、歩兵第11連隊、野砲兵第5連隊、輜重兵第5大隊、衛戍病院などの配置がよくわかるものである。騎兵第5連隊は京橋川に架かる常盤（葉）橋を渡った対岸に置かれていた。北側は西白島町だが、白島小学校の場所は現在とは異なっている。

広島大本営跡【明治後期〜大正期】
洋風2階建てのこの建物は、1893（明治27）年の日清戦争時に大本営として使用された。もともとは1877（明治10）年、本丸御殿の跡地に広島鎮台司令部に建設されたもの。1926（大正15）年に国の史跡に指定され、その後に一般公開された。

広島大本営跡【昭和戦前期】旧広島大本営の左側には広島城天守閣が見える。広島大本営が建てられた場所は、もとは広島城の本丸で本丸御殿が存在した。しかし1874（明治7）年、本丸、二ノ丸で火災が発生し、本丸御殿は全焼した。

現在の広島大本営跡。広島城の天守を見上げる場所に建つ、広島大本営跡の石碑。

01-8 大本営と軍事施設

　現在では驚かれる人も多いと思うが、明治時代の日清戦争時には、明治天皇が長期滞在（227日間）したことにより、首都機能は広島に移されていた。即ち戦争を指揮する大本営が1894（明治27）年9月13日に広島に移り（広島大本営）、その2日後には明治天皇が広島入りした。そして、同年10月に召集された第7回帝国議会は、西練兵場に設置された広島臨時仮議事堂で開かれた。

　広島城内に設置された大本営跡はその後、国の史跡として保存された。第5師団が置かれた広島城の天守も1928（昭和3）年からは一般公開され、大本営跡も観光名所となっていた。そのため、大本営の姿は内部を含めて多くの人が知るところとなったのだが、原爆によりすべてが崩壊し、建物の基礎、礎石と一部の文字が消された石碑が残っている。

　戦前には軍都とも呼ばれた広島には、ほかにも軍事施設が数多く存在した。博覧会場になった西練兵場、広島衛戍病院、広島陸軍幼年学校などだが、現在は姿を消している。

臨時帝国議会仮議事堂
【大正期〜昭和戦前期】
1894（明治27）年、大本営が広島に移ったことで、一時的に広島が首都となった。この年10月には、この帝国議会仮議事堂が木造で建設され、第7回帝国議会が開かれた。その後、陸軍施設などに転用され、1898（明治31）年に壊された。

広島大本営当時の表門【昭和戦前期】
1894（明治27）年、広島城に大本営が設置された際に撮影されたもので、「大本営」の看板が映る。後に絵葉書として頒布されたもの。

現在の広島城表御門。広島城二の丸の正面玄関になる。

広島大本営跡、空撮【昭和戦前期】飛行機より広島城本丸付近を望む。左側の建物が広島大本営で、その右の洋館は旧昭憲皇太后御在所。中央には広島城天守閣がある。堀の手前には広島陸軍幼年学校があった。

第五師団司令部正門【昭和戦前期】「第五師団司令部」の看板を掲げた表御門や平櫓、多聞櫓などが映る。広島城には1873（明治6）年に広島鎮台が置かれた、1888（明治21）年に第五師団に編成された。

広島衛戍病院【明治後期〜大正期】後の広島陸軍病院で、衛戍病院は陸軍が駐屯地に設置した陸軍病院である。写真には兵士たちが並ぶ姿が映っており、テントや赤十字の旗が見える。

広島戦捷（せんしょう）記念碑【明治後期〜大正期】正式な名称は「第一軍戦死者記念碑」で、日清戦争後に広島西練兵場（現在の基町）に建立。日清戦争において「第一軍」として出征した、広島第五師団の戦死者を祀るために建立されたもので、全長約20メートルの巨大記念碑だった。

北清事変記念碑【明治後期】
1906（明治39）年に西練兵場の東端に建てられた北清事変の記念碑。1900（明治33）年、中国で起こった義和団の乱（北清事変）の際には、日本や欧米の軍隊が派遣されて鎮圧に当たった。

広島新天地【大正期〜昭和戦前期】現在の八丁堀の南画あたりで、中央の「松竹キネマ」の赤看板を掲げる大きな洋風建築は泰平館。1921（大正10）年に「青い鳥歌劇団」のオペラハウスとして建設され、歌劇団が解散した後、映画館になった。入口の上には映画の宣伝画らしき物が映る。右は紅桃花神社で、現在は流山町に鎮座している。

八丁堀千日前【大正期】右に見える帝国館は1913（大正2）年、広島市で2番目に開業した活動写真館。「帝国館」や「模範活動写真」と書かれた旗や太鼓櫓、興行主の幟（のぼり）旗が映る。路面電車の線路近くには出店らしき姿が見え、一大娯楽地だったことがうかがえる。

千日前【大正期】大勢の人が集まる帝国館付近の夏の風景。大阪朝日新聞社が寄贈した宣伝旗が掲げられている。劇場入り口付近にはアイスクリーム、かき氷屋に行列ができており、兵士らの姿も見える。

01-9 新天地・八丁堀

　市内の中心部を東西に走る相生通りの2つの交差点、八丁堀と紙屋町付近は、広島を代表する繁華街である。特に東側の八丁堀（交差点）周辺と南側に広がる新天地一帯は、戦前には映画館や劇場が建ち並び、飲食店も多く存在する歓楽街だった。現在は、福屋八丁堀本店、広島三越という百貨店があり、パルコ広島店も店舗を構えている。

　「八丁堀」という地名は、このあたりの広島城の外濠の長さが8丁（約880メートル）だったことによる。この外濠は明治維新後に埋め立てられ、道路として整備された。1912（大正元）年に相生通りが完成して国道となり、広島電気軌道の路線も開通し、交通の要路として発展。交差点を中心にして、大小の店舗が増えていった。現在、相生通りは国道54号・183号となっている。

　中区の地名（住居表示）となっている「新天地」は、もともとは大正時代に商業地として開発された場所で、新天地歓楽街と呼ばれていた。八丁堀の南側にあたり、買い物客とともに新天座、映画倶楽部（泰平館）などの映画館、劇場を訪れる観客で大いに賑わった。また、八丁堀交差点の東側は、「千日前」と呼ばれる繁華街となった。

広島新天地【昭和戦前期】大きな入母屋屋根の木造建築は新天座で、1921（大正10）年の新天地誕生とともに開業した。後には宝塚歌劇なども上演された。周囲には「カテイ石鹸」「元祖来々軒の甘栗」といった目を引く広告があった。

広島新天地【大正期】1921（大正10）年に開業した当時の新天地商店街。アーチには「祝新天地開業」の文字と新天地のマークが見える。左には化粧品を商う中忠が店を構えている。

新天地【昭和戦前期】奥には泰平館、左には新天座。幟に見える伊村義雄一座は、俳優の堺駿二らも在籍していた新劇の一座。右手にはショーケースを備えた商店もできている。

広島新天地【大正期】「新天地」「天」の文字をあしらった多くの旗がたなびく、広島新天地興行街の風景。周囲の状況からも、開業当初の新天座と思われる。自転車でやってきた人も多かった。

現在のえびす通りの夜景。八丁堀付近、胡町にあるえびす通り商店街の夜景である。

八丁堀ビル街【昭和戦後期】戦後の復興の中、ビルが建ち並ぶようになった八丁堀。中でも中国新聞社、天満屋、福屋のビルが目立っている。

広島新天地【大正期～昭和戦前期】劇場、映画館とともに名代の飲食店が集まるようになって、大いに賑わっていた広島新天地。まだまだ木造建築の店が多かった頃の風景。

八丁堀【昭和戦前期】
元安川と京橋川に挟まれた広島の繁華街、紙屋町、八丁堀、千日前、新天地付近の地図である。紙屋町、八丁堀は地域名であるとともに交差点名にもなっていた。電車通りの南側には千日前、新天地が見えるが、現在は「お好み村」がある新天地は1921（大正10）年に開発された歓楽街である。また、八丁堀交差点の東側は、大阪・ミナミに倣って千日前と呼ばれるようになった。

紙屋町交差点【昭和戦前期】
この交差点は1912（大正元）年に開通した広島電気軌道（現・広島電鉄）本線と宇品線が交差するデルタ線（三角型）だった。当時から繁華街として栄え、洋品店や食堂などが店を構えていた。中央の赤い建物は、電車の乗り場兼制御室。

01-10 紙屋町・広島の市街

　広島城南から延びる鯉城通りと相生通りが交わるのが紙屋町交差点で、この南側には現在、「紙屋町」と「大手町」の地名が広がっている。ここは広島県庁、広島県警察本部、日本銀行広島支店などの南側にあたる上、鯉城通りの西側を走る大手町通り（大手町筋）は明治以来、金融街となってきた場所で、紙屋町交差点を中心に都市銀行の支店などが集まるオフィス街となっている。また、北側の大手町１丁目の元安川沿いには原爆ドームがある。

　戦前に撮影された紙屋町交差点の風景は、広島電気軌道（現・広島電鉄）の電車が行き交うシーンが多く、ここが広島の交通の要で、繁華街の中心であったことを示している。また、南側を通る本通りもかつての西国街道であり、このあたりの元安川の東岸は広島藩の船着場として重要な役割を担っていた。そのため、大手町通り、本通りを撮影した絵葉書も、広島名所の代表的風景として多数残されている。

紙屋町交差点【昭和戦前期】路面電車が行き来する紙屋町交差点。広告看板や店舗の規模から、上の写真よりも早い時期の風景か。奥のミカドビルには「キリンビール」の文字や「千福」「白菊」「山陽長」など清酒番付らしき広告が映る。

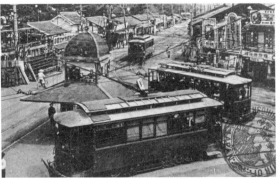

紙屋町電車停留所【大正期〜昭和戦前期】路面電車と紙屋町停留所をアップした風景。大通り沿いの店舗もすべて和風建築である。右手奥の看板広告は、宣伝合戦のような様相を見せている。

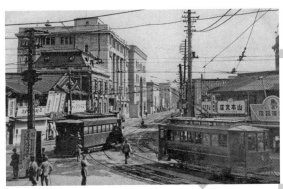

紙屋町交差点【昭和戦前期】近代的なビルの姿も目立ってきた紙屋町交差点付近、昭和戦前期の風景である。

現在の紙屋町交差点。広島電鉄の路面電車が走る。

大手町【明治後期】塔屋建築や洋館が姿を見せていた頃の大手町。うだつやランプの付いた日本家屋が並んでいた。通りを歩く人には、ハイカラな洋服姿の二人も。

広島本通り【昭和戦前期】
1921（大正10）年、スズラン燈がこの通り一帯に設置された。左には「かすり会」の旗を掲げた大きな看板建築がある。

現在の大手町付近。ビルが建ち並ぶオフィス街。

本通り、革屋町【昭和戦前期】本通り、革屋町付近の風景で、左には共済（安田）生命保険の広島支店が見える。すぐ上や右の写真と比べると、ゲートの形が異なっていることがわかる。

本通り【昭和戦前期】
広島ホテルの広告看板が見える本通り、革屋町付近。手前には広島電鉄の線路がある。

01-11 県庁と公的機関

　1871（明治4）年に誕生した広島県だが、その県庁舎は当初、広島城の本丸に置かれていた。その後、三ノ丸から国泰寺の境内に移転し、1878（明治11）年に与楽園に隣接する水主町に新しい県庁が完成した。この県庁の南側には1910（明治43）年に県会議事堂が建てられる。2つの建物は、ルネサンス式の木造2階建てだった。この戦前の県庁などは原爆投下により焼失。その後、1956（昭和31）年に新しい県庁が現在地（中区基町）に建設された。

　一方、広島市は1889（明治22）年に市制が施行されて成立するが、市役所の建物はそれまで中島新町（現・中区中島町）にあった、広島区役所の庁舎をそのまま使用することになった。以来、中島新町に市役所、水主町に県庁が並び、広島の行政の中心的役割を果たしてゆく。しかし、市役所の建物は手狭となり、国泰寺町にあった市公会堂の南側に移転することとなる。1928（昭和3）年に完成した新しい市役所は、地上4階、地下1階で鉄筋コンクリート造りのモダンな建物となった。現在の市役所は1985（昭和60）年に完成し、旧市役所の地下室は資料展示室として保存されている。

現在の広島県庁

広島県庁【昭和戦前期】広島県庁の本館は、1878（明治11）年に水主町（現・加古町）に竣工した。木像二階建て、瓦屋根のルネッサンス風建築で、門柱には「広島県庁」の看板が掲げられていた。原爆により全壊し、翌年（1946年）に霞町の旧陸軍兵器補給廠跡に仮庁舎が設置された。

広島県会議事堂【大正期〜昭和戦前期】
県会議事堂は、1910（明治43）年に県庁の南側に建設された。県庁と同様、ルネッサンス風建築だったが、原爆により門柱を残して全壊した。

広島中央放送局【昭和戦前期】
NHK広島放送局は1928（昭和3）年、広島放送局として開局し、後に広島中央放送局となった。局舎は上流町（現・幟町）にあったが、原爆により放送機能が停止し、投下の翌日から祇園町の原放送所で放送を再開した。戦後は、福屋百貨店の別館として使用されていた。

現在の日本銀行広島支店

日本銀行広島県出張所【明治後期】
水主町（現・加古町）にあった日本銀行の初代広島出張所。辰野金吾の設計により、1905（明治38）年に建設された。1936（昭和9）年、袋町へ移転した。2代目は鉄筋コンクリート製で原爆にも耐え、現在は被爆建物として市重要文化財に指定されている。

広島市役所【昭和戦前期】中島新町にあった広島市役所は1928（昭和3）年、国泰寺町に移転。これは移転時に新築された地下1階含む5階建コンクリート庁舎で、建築家の増田清が設計した。原爆により大きな被害を受けたが、1985（昭和60）年まで使用されていた。

広島地方裁判所【明治後期～大正期】竹屋町（現・上八丁堀）に1876（明治9）年に設置された。建物は入母屋2階建て、外壁にはタイルを使用し、後には検事局も併設した。原爆により全焼し、現在は移転して、地方検察庁や広島勾留所が併設されている。

広島控訴院【明治後期～大正期】控訴院は現在の高等裁判所に相当し、地方裁判所の上に設置された。1882（明治15）年、現・中町の白神神社そばに「広島控訴裁判所」として設置され、1886（明治19）年に控訴院に改称した。現在は広島高等裁判所となっている。

広島高等師範学校【大正期】
高等師範学校は旧制中学・旧制高等学校の教員を養成するための学校で、「高師」とも呼ばれた。広島高等師範学校は1902（明治35）年、全国2番目の高師学校として創立された。

現在の広島大学

01-12 学校

　広島を代表する大学といえば国立の広島大学だが、1949（昭和24）に開学したこの学校は、戦前から存在した複数の学校がルーツとなっている。そのひとつは、1929（昭和4）年に開校した広島文理科大学（旧制）で、さらにさかのぼれば1902（明治35）年に創立された広島高等師範学校の存在がある。そして、1874（明治7）年に開校した白島学校から発展した、広島（県）師範学校もルーツとなっている。これに広島女子高等師範学校、広島高等学校（旧制）などを合わせて、現在の広島大学が成立している。

　このうち、特筆すべきは、現在の筑波大学の前身である東京高等師範学校に次いで、全国で2番目の高等師範学校として誕生した、広島高等師範学校だろう。この学校の校舎は、国泰寺村（現・中区東千田町）に置かれ、その後は同じ校地内に広島文理科大学も誕生している。原爆で被災したため市外に移転していたが、戦後は広島大学の東千田キャンパスとなった。また、付属中学校・小学校も存在した。

　一方、江戸時代から広島藩の藩校だった「講学所」から発展したのが、私立の修道中学校・高校である。幕末までは広島城内にあり、その後は泉邸内にも置かれたが、1907（明治40）年に南竹屋町に移転。1926（大正15）年に中区南千田町に移転し、現在に至っている。

広島高等師範学校の噴水、温室【大正期】広島高等師範学校の理科施設。開校時は国泰寺村（現：中区東千田町）に校舎があったが、本館及び理科施設は千田町（現在の広島大学付近）にあった。

広島文理科大学【昭和戦前期】1929（昭和4）年、広島高師は広島文理科大学（現・広島大学）に改編され、広島県内初の大学となった。これは1931（昭和6）年に竣工した本館で、この本館は被爆したものの、「旧理学部1号館」として現存する。校舎前では、学生がテニスを楽しんでいる。

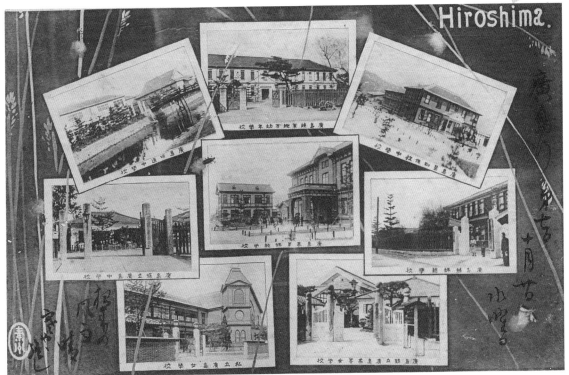

広島の教育機関【大正期】広島市内の中等学校が一同に映る珍しい葉書。葉書には左上から、県立明道中学、広島陸軍地方幼年学校、広島第四仏教中学、県立広島中学、官立広島高等師範学校、県立広島師範学校、私立広島女学校、県立広島高等女学校の8校が見える。

済美学校運動会【大正期】済美学校は、偕行社（旧陸軍の親睦会）が経営した私立小学校。1873（明治5）年に創設された開成社を前身とする。八丁堀にあった校舎は、偕行社本館と同じく西洋建築だったが、原爆投下により多くの教員や生徒が亡くなり、そのまま閉校となった。現在、校舎の跡地には広島YMCAが建つ。

修道中学校奉祝陸上大運動会【大正期〜昭和戦前期】旧制修道中学は、1725（享保10）年に創立された広島藩の藩校「講学所」を起源とする。原爆により教員・生徒約200名が犠牲となった。現在は私立修道中学・高校として存続し、福山藩の藩校を起源とする、県立福山誠之館高校とともに県内屈指の伝統校となっている。

広島高等女学校【明治後期〜大正期】現在の県立皆実高校のルーツ、広島高等女学校。1901（明治34）年に設置され、1941（昭和16）年に宇品で県立広島第二高等女学校が開校したことで、広島第一高等女学校に改称した。

広島光道学校幼稚園部【大正期】光道学校は浄土真宗の「闡明社（せんめいしゃ）」が経営していた私立小学校。写真の付属幼稚園舎は1924（大正13）年に竣工した。外壁には「幼稚園」の文字が入った装飾や丸窓などかなり凝った造りだったことがわかる。

羽田別荘【昭和戦前期】
羽田別荘は1900（明治33年）、羽田謙次郎が舟入町で始めた料亭。1万3千平方メートルの敷地を有し、亭内にはラクダやヒョウなどがいる動物園や桜が存在した。また「羽田少女歌劇団」という少女歌劇団も有名だった。

01-13 旅館と料亭

　1900（明治33）年に創業した羽田別荘は、広島を代表する料亭として有名である。天満川に沿った中区舟入町にあり、創業者の羽田謙次郎は隣接する農地などを入手して、料亭の敷地を広げていった。大正時代には、羽田別荘少女歌劇団を編成し、日本全国や台湾、満州でも公演を行っていた。広い日本庭園は戦後、再建・整備されて、四季の自然を見ながら食事を楽しめる場所となっている。

　相生橋そばの中島新町（現・中区中島町）にあった吉川旅館は、1872（明治5）年に創業された老舗旅館で、吉川元春の子孫にあたる、歌手の吉川晃司の祖父母が営んでいた。絵葉書の中に見える吉川旅館は、立派な門構えの和風旅館である。なお、吉川家は原爆投下の直前に旅館を売却して疎開している。現在、中区上幟町にあるホテルフレックスは、戦後に「きっかわ観光ホテル」となった、吉川旅館の流れを受け継いでいる。

　天神町（現・中島町）にあった天城旅館も1874（明治7）年に誕生した老舗旅館だった。元安川に面した広い敷地を有していたが、戦後に上幟町に移転して料亭となった。

羽田別荘【昭和戦前期】羽田別荘は、第二次大戦中には西部軍司令官の官舎、軍人宿泊所などとして利用された。原爆により邸内の建物は全て焼失し、関係者の多くが亡くなった。戦後、米軍の接待施設とし再興された後、現在も市内最古級の料亭として営業している。

羽田別荘【昭和戦前期】羽田別荘は、庭園も有名だったが、本館の室内も豪華だった。書院造や波紋天井など豪勢な内装が見える。

吉川旅館【大正期】吉川旅館は、中島本町（現・中島町）の県産業奨励館（現・原爆ドーム）近くに存在した料亭旅館。原爆により中島地区並びに吉川旅館は壊滅したが、経営していた吉川家は疎開していたことで無事だった。

溝口旅館【大正期】溝口旅館は烏屋町（現・大手町）にあった旅館で、庭園には噴水があった。1901（明治34）年の「山陽鉄道案内」の広告によると、館内には玉突場（ビリヤード場）があり、毎週土曜には演奏会が開かれていた。

わたや旅館【大正期〜昭和戦前期】烏屋町（現・大手町）にあった旅館で、門には「わたや旅館」の看板があり、玄関先にはT型フォードが停まっている。

天城旅館本店の玄関【昭和戦前期】天城旅館本店は1870（明治2）年創業の老舗旅館。元安川に面した天神町、新橋の近くにあった。1920（大正9）年、三川町に支店が開店している。

寿司徳支店・大華楼【大正期】大花楼は常盤橋東詰（大須賀町付近）に存在した割烹料理店。本店の寿司徳は中島本町（現・平和記念公園付近）にあった食堂で、洋食も出していた。

天城旅館本店、背面から【昭和戦前期】現在の大手町第一公園付近からの景色。天城旅館本店は50室という大きな規模で、理髪室や写真暗室なども備えていた。

ますみや旅館【昭和戦前期】ますみや旅館の新館で、右奥の看板が見える和風建築が旧館か。この旅館の詳細は不明。

広島市街全景【大正期～昭和戦前期】
現在の牛田小学校付近から南西方向を望む。川は京橋川、左の架橋は神田橋、右の寺は安楽寺（現存せず）、右奥の橋は常盤橋と思われる。神田橋は原爆による被害を受けたが、落橋せず。戦後、一部が沈下したために架け直された。

01-14 比治山

　現在は比治山公園、広島市現代美術館などがある南区の比治山。この比治山は標高71・1メートルの小高い丘で、ここから見下ろす広島市内の風景が絵葉書になって残されている。古くは広島デルタの三角州の頂部で、やがて本州と陸続きになった。広島城の築城後、北側に西国街道が通るようになり、商業地が発達して比治村も誕生した。また、南側では干拓が行われた。明治維新後は南側に陸軍墓地がつくられ、公園として整備される中で、ツツジの名所となった。また、日清戦争時に明治天皇が滞在した御便殿が移築されたことで、観光名所として知られるようになった。

　戦後は、比治山公園として整備が続けられる一方で、原爆傷害調査委員会（ABCC）が開設された。このABCCはアメリカが設置した民間機関で、1975（昭和50）年に再編されて、日米共同出資の財団法人放射線影響研究所に変わった。また、1980（昭和55）年から比治山は芸術公園となって、広島市現代美術館、比治山公園青空図書館（現・広島市立まんが図書館）が誕生している。

比治山より市街を望む【昭和戦後期】
左下に鶴見橋、奥には平和大通りを望む。この辺りには戦前、3.5キロに及ぶ防災道路が計画されており、原爆投下時には約16,000戸の立ち退き作業が行われていた。原爆により立ち退き作業に従事する多くの兵士や学生が死亡した。戦後、約100メートルにかけて平和大通りとして整備された。

比治山公園から見た現在の広島市内

比治山公園旧御便殿【明治後期】
御便殿には祝日なのか、国旗が掲げられている。手前には池とベンチが設置され、市民の憩いの場となっていた。

比治山公園旧御便殿【明治後期】
御便殿は日清戦争による広島大本営開設の際、明治天皇の休憩所として建設された。終戦後に市の中心部から比治山へ移築され、1910（明治43）年に正式に開場した（内部へは進入禁止）。付近は鳥居や石灯籠などが建てられて神格化され、桜の名所としても栄えた。

御便殿落成記念碑【明治後期〜大正期】
日清戦争時の建設の由来などが書かれた、御便殿の落成記念碑。

比治山公園、市街を望む【明治後期〜大正期】
まだ池や噴水が整備される前の御便殿で、整地もされていない。石垣の前には、池建設用と思われる木材が並んでいる。

比治山公園遠望【明治後期】
川沿いに民家が並ぶ、比治山公園付近。鶴見橋付近からの撮影と思われる。

キリンビール広島工場【昭和戦前期】
安芸郡府中町（現・広島県府中町）の府中大川そばにあった麒麟麦酒（キリンビール）広島工場。1938（昭和13）年に建設され、原爆により多少の被害を受けるも年内には業務を再開した。2010（平成22）年、完全に閉鎖された。

01-15 工場と企業

　キリンビール広島工場は、同社の西日本の主力工場として、1933（昭和13）年に広島県安芸郡府中町に誕生した。キリンビールは横浜、尼崎（神崎）、仙台に工場があり、全国で4番目の工場だった。当時は東洋最大規模を誇り、清涼飲料水も製造されていた。ビール用には、太田川水系の水が利用されていた。戦後は敷地を拡大し、生産量を増やしたが、施設の老朽化などにより、1999（平成11）年に一部を除いて製造を終了。その後は、キリン広島ブルワリー、キリンビアパーク広島となった後、現在は麒麟麦酒広島支社だけが置かれ、残りはイオンモール広島府中などに変わっている。

　錦華人絹の広島工場は、広島市が1934（昭和9）年に誘致した会社で、このときには宇品運河の開削計画もあった。錦華人絹は1938（昭和13）年に錦華紡績となり、1941（昭和16）年には合併により、大和紡績の広島工場に変わった。太平洋戦争中は陸軍の施設となり、戦後は別の工場に変わった。

キリンビール　清涼飲料水製造工場【昭和戦前期】
瓶詰機などの製造機械が映る。広島工場ではビールと同時に清涼飲料水の製造も行われていた。その後、何度か製造は中止され1944（昭和19）年3月以降、完全に中止された。

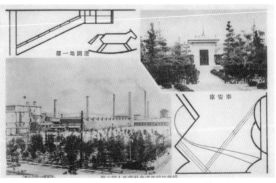

錦華紡績株式会社、広島人絹工場【昭和戦前期】
錦華紡績は1926（大正15）年3月、金沢紡績と浪速紡績が合併して誕生した。広島工場は1934（昭和9）年、宇品に完成。戦時中は操業を休止して陸軍施設として利用された。原爆による被害は少なく、臨時陸軍野戦病院が設置された。

広島女子一心会工場【1907年】
広島一心会は1904（明治37）年、日露戦争の出征者及び遺族を支援するため、陸軍軍医夫人の正木喜美子により創立された団体で、助産施設として軍服の裁縫・修理を行う工場を経営した。この絵葉書は1907（明治40）年に工場が移転した際に発行された。

広島女子一心会工場内部【1907年】
工場内部。当時はこの様に裁縫作業が行われた。1914（大正3）年発行「広島県慈善団体実績概況」には1911（大正元年）当時、就業者58人で、男性の日給は30銭、女性は18銭と記されている。また、就業出来ない人への支援も行っていた。

広島住友ビルディング【昭和戦前期】
住友銀行広島支店は1928（昭和3）年、紙屋町に建設された。竹腰健造による設計で、地下1階含む4階建コンクリート造。正面にアーチがあった。原爆により姿を留めるも大きな被害を受け、入口には投下時に人影が焼け映った「死の人影」が有名だった。

福屋八丁堀本店【昭和戦前期】
百貨店「福屋」は1929（昭和4）年、八丁堀の胡町で開業。この本館は1938（昭和13）年に竣工した、地下2階、地上10階建ての鉄筋コンクリート構造だった。「白亜の殿堂」として市民に親しまれた建物で、原爆により外観を残して全焼したものの、現在まで本館として使用されている。

萬歳生命保険広島支部【大正期～昭和戦前期】
萬歳生命保険株式会社は1906（明治39）年に設立され、渋沢栄一を相談役として迎えた。1929（昭和4）年に日華生命保険と合併して、日華萬歳生命保険となり、その後、第百生命保険となった。

江波山公園【明治後期】
似島方向を望む。江波公園は広島湾に面する江波山にある。江戸時代の江波は広島藩の外港であり、江波山付近は島だった。
後に干拓で埋め立てられ、明治期に広島市の公園となって花見の名所として親しまれた。

01-16 江波、山陽記念館

　広島市中区の江波地区はもともと「江波島」で、魚がよく獲れる餌場(えば)で、「衣波」「衣羽」という漢字も当てられていた。現在も江波山公園内に鎮座する神社は、江羽神社と呼ばれている。江戸時代、江波は広島藩の外港で、海苔や牡蠣の要職も盛んだった。明治時代には北側の舟入地区と陸続きとなり、1940(昭和15)年頃から南側では工場用地の埋め立てが進められ、1943(昭和18)年には三菱重工業広島造船所江波工場が誕生している。

　以前の江波地区は、江波南・江波二本松一帯に広がる江波山公園が海に面した風光明媚な場所だった。現在はこの南側(江波南)にある広島市立江波小学校も、かつては北東にあたる江波東2丁目に校地があった。江波山公園は桜の名所として有名で、現在も樹齢150年とされるヒロシマエバヤマザクラが自生している。この比婆山公園には1934(昭和9)年から1987(昭和62)年まで、広島地方気象台が置かれていた。気象台が市中心部の合同庁舎に移転した後、残された建物は広島市江波山気象館となって、一般公開されている。また、北にある江波皿山公園付近までは広島電鉄江波線が延びており、江波停留場が終点となっている。

江波山公園【昭和戦前期】
江波山公園の南側が埋め立てられる以前、山下の断崖にあった展望台と思われる。

江波山公園【明治後期～大正期】
この岩礁は、現在埋め立てられている。魚籠と釣竿を担ぐ釣り人が見える。

山陽記念館【昭和戦前期】頼山陽は、歴史書「日本外史」を執筆した江戸時代後期の文人。その両親が暮らした旧居が記念館となった。山陽没後100年を期に頼山陽先生遺蹟顕彰会が旧宅を買い取り、1935（昭和10）年に「山陽記念館」として開館した。原爆により一部を残し破壊されたが、写真の中の石柱はつなぎ合わせて改修された。

山陽記念館
【昭和戦前期】
1935（昭和10）年に建設された鉄筋コンクリート製の展示館。建築家の佐藤功一による設計で、バルコニーにテラコッタの手すりがあった。

丸子山不動院
【大正期】
丸子山不動院は現在、本川に面した江波東2丁目、広島高速3号線が通る北側に存在する。江戸時代、丸子社があった丸子山に不動明王を安置し、丸子山不動院となった。

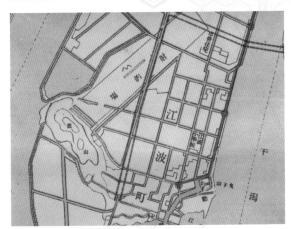

江波【昭和戦前期】
江波公園がある江波地区の拡大図で、この当時、路面電車（広電江波線）は開通していなかった。最南端の海沿いだった江波公園はその後、南側で埋め立てが進んだことで、現在は大きく地形が変化している。この北側には皿山と射的場が見える。東側には江波小学校、江波港があり、丸子山不動院が存在している。

江波の夕照
【明治後期】
江波付近の海上で、小さな舟に乗り漁をする釣り人の姿がある。

饒津神社一ノ鳥居【明治後期】
1706年（宝永3）年、広島藩主浅野綱長が祖先の位牌堂を建立したのが起源で、元々は別の場所（広島城の鬼門方向）にあっ
て「二葉神社」と呼ばれた。その後、現在地へ移転し、境内の一部が饒津公園として整備された。原爆により石造物を除き、
ほとんどが焼失した。

尾長東照宮【明治後期】
饒津神社の東に位置する。1648（慶安元）年に創建され、日
光東照宮と同じく徳川家康を主祭神としている。

広島住吉神社【明治後期】
1732（享保17）年、水主町（現・中区住吉町）に創建され、
1798（寛政5）年の大火により、旧太田川（本川）沿いの現在
地へ遷座した。旧暦6月の住吉祭は「住吉さん」と呼ばれ、
「胡子神社の胡子講」「圓隆寺のとうかさん」と共に広島三大
祭りと称されることもあった。

01-17 神社仏閣

　広島の神社仏閣といえば、廿日市市にある厳島神社が別格の全国区の知名度だが、広島市内にも多数の寺社
が存在している。その代表格が浅野家の藩祖を祀った饒津神社、徳川家康を祀る（尾長）東照宮で、これに加
えて鶴羽根神社などは二葉山緑地付近の「二葉の里」に存在する。東区の地名「二葉の里」は1933（昭和8）
年に誕生したもので、それ以前は大須賀町、尾長町の一部だった。

　また、歴史の古い寺院としては、東区牛田新町にある真言宗別格本山の不動院がある。開基は行基ともいわ
れ、少なくとも平安時代には創建されており、足利尊氏・直義が創建した安国寺利生塔のひとつでもあった。
1540（天文9）年創建の金堂は、広島市内における唯一の国宝である。現在は西区己斐上にある国泰寺も、か
つては市内中心部の中区中町にあった臨済宗の安国寺。江戸初期には曹洞宗の国泰寺に変わり戦後に現在地
に移転した。かつての境内の南側に開かれた埋立地は「国泰寺村」となり、現在は中区国泰寺町となっている。

広島不動院金堂【明治後期〜大正期】
平安時代の創建とされ、安芸国守護や広島藩主からの保護を受けた。金堂は1540（天文9）年に山口・凌雲寺に創建されたものが、天正年間に毛利氏の外交僧、安国寺恵瓊により移された。原爆投下により屋根や柱の一部に被害を受けたが倒壊はせず、被爆者の避難所として用いられた。

現在の不動院金堂

本願寺広島別院【明治後期】
武田山（現・安佐南区）の麓にあった天台宗の仏護寺はその後、浄土真宗の寺院となって、小河内（現・西区打越町）に移転し、江戸時代に現在地の中区寺町へ移った。1876（明治9）年には、広島県庁舎が設置されている。その後、原爆により全壊し、戦後に復興された。

佛教忠魂祠堂【明治後期】
忠魂祠堂は日清戦争の戦没者を供養する為、全国の師団所在地へ建立された寺院。広島では1898（明治31）年に建立され、小松宮彰仁親王より額を下賜された。1902（明治35）年には愛媛県の松山忠魂祠堂を合併した。南区大須賀町にあり、本尊は阿弥陀如来である。

饒津神社渡御行列【大正期】
1920（大正9）年、浅野長晟公広島入城三百年祭の際に行われた神輿の渡御の風景と思われるが、詳細は不詳。

国泰寺【明治後期】
中区の地名「国泰寺町」の由来となった寺院、国泰寺。左に見える大楠は国の天然記念物になった樹齢300年の名木で、県立広島一中（現・国泰寺高校）の校章に採用されるなど、地域の象徴だった。原爆により大楠を含めて社殿は全壊したため、己斐に移転した。

饒津神社時代行列【明治後期】
1910（明治43）年5月、浅野長政公（饒津神社）三百年大祭の際に行われた渡御行列の風景と思われる。

01-18 博覧会と共進会

　広島では、陸軍の西練兵場を主会場として、博覧会や共進会がたびたび開催された。まず、1910（明治43）年には第五回中国六県連合産畜産馬匹共進会があり、1915（大正４）年には新たに建設された広島県物産陳列館（第一会場）と西練兵場（第二会場）で、広島県物産共進会が開催された。この共進会とは明治、大正期に全国各地で開催された博覧会の小型イベントである。

　1929（昭和４）年には、広島市内３つの会場を舞台にして、昭和産業博覧会が大々的に開かれた。第一会場となった西練兵場には、仮設の遊園地である「小供の国」が設けられた。また、1932（昭和７）年の時局博覧会は、その前年から始まった満州事変の影響もって戦時色の濃いものとなり、この年２月に誕生した満州国をPRするパビリオン「満蒙館」が設けられた。

昭和産業博覧会第一会場、小供の国【1929年】
この小型鉄道「お伽鉄道」も、小供の国内に設置された遊具（アトラクション）のひとつ。線路の全長80間（145メートル）、ガソリン機関車が20人乗り客車３台を連結していた。後ろのお伽トンネル（全長約40メートル）には、その名の通り桃太郎や花咲爺などお伽話の人形が設置されていた。

昭和産業博覧会第一会場、郷土館、水産館【1929年】
郷土館では広島県内の名勝や史跡に関する資料を展示。入り口には広島県のパラノマ（鳥瞰図）があり、館内では県内の名勝を撮影した活動写真（映像）や行事の段返し（からくり人形）が展示された。農水産館では各地方の名産品や簡易保険に関係する出品など、生活に関する様々な品が展示された。

昭和産業博覧会第一会場、小供の国【1929年】
広島昭和産業博覧会の「小供の国」は現在の広島商工会議所付近に開設されていた。「森永ミルクキャラメル」の文字が入った飛行塔は、高さ5丈（約15メートル）で、６人乗り模型飛行機4機が吊るされていた。搭乗は有料だったが、多くの子供連れで賑わったという。

昭和産業博覧会ポスター絵葉書【1929年】
宣伝ポスターは公募で選ばれた。これは懸賞１等賞を獲得し採用された作品。中央の聖火、左右に宮島の鳥居や広島城のシルエットが並ぶなど、広島県に関係したデザイン。

昭和産業博覧会ポスター絵葉書【1929年】
右には第一会場本館、そして厳島神社が描かれている。「御鳥喰式（神事）」は、音楽を演奏しながら小さな筏に団子をのせ、鴉（カラス）に食べさせる神事。安芸国守の佐伯鞍職（くらもと）が、神鴉（コガラス）からの御告げにより、厳島神社を建てたという逸話がもとになっている。

広島県物産共進会第二会場前【1915年】
広島県物産共進会は、1915（大正4）年4月12日から5月14日まで開催された。県内各地特産品が展示され、審査員によって1等賞から4等賞までが表彰された。奥に見えるのが醤油樽をモチーフにした第二会場。手前には県立広島商業学校（現・広島商業高校）の売店。

広島県物産共進会第二会場前【1915年】
第二会場は西練兵所（現・紙屋町付近）、第一会場は同年竣工の広島物産陳列館（現・原爆ドーム）だった。会場の奥には戦捷記念碑（日清戦争の戦死者記念碑）が見える。

時局博覧会演芸会【1932年】
時局博覧会は1932（昭和7）年4月29日から5月13日まで、西練兵場などで開催された。「軍人勅諭制定50周年」記念とされたが、実際は戦意高揚を目的に開かれた。この正門は、建国されたばかりの満州国をPRするために大陸風にデザインされた。宣伝塔に見える「芸備日日新聞」は戦後、中国新聞と合併した。

第五回中国六県連合畜産馬匹共進会（正門）【1910年】
1910（明治43）年10月1日より10日間、西練兵場で開催されて、畜産に関する全6種548品の物産品などが展示された。当初は中国地方の5県のみだったが、1908（明治41）年から兵庫県を加えた6県で開催された。

第五回中国六県連合畜産馬匹共進会（会場入口）【1910年】
門には「畜産馬匹共進会」の文字がある。奥には戦捷記念碑の土台部分が映る。

現在の宇品港

宇品港桟橋【大正期】現在は広島港の一部となっている宇品港。港としての本格的な整備は明治中期に行われた。

宇品港桟橋【明治後期】
宇品港は日清戦争、日露戦争において、兵員、物資輸送で重要な役割を果たした。

宇品港桟橋【大正期】
正面から見た桟橋と海岸。桟橋の構造も変化し、近代的な港が完成していった。

01-19 宇品

　広島市南区にある宇品一帯は、広島港（宇品港）がある場所として知られている。明治中期に整備された宇品港は、日清戦争における大陸への兵員、物資輸送の拠点となり、1894（明治27）年には広島～宇品間の鉄道（軍用線）が建設され、後に国鉄の宇品線となった。また、1915（大正4）年には、広島電気軌道（現・広島電鉄）の宇品線が開通している。

　もともとの宇品一帯には、広島湾に浮かぶ宇品島が存在していた。その後、明治期に宇品港が整備される際に大規模な埋め立てが行われ、誕生した新開地が「宇品町」となった。島だった宇品島は陸続きとなり、「元宇品（町）」（向宇品、公園地区）と呼ばれるようになった。さらに現在は「宇品海岸」「宇品東」「宇品西」などの地名（町名）も誕生している。埋め立てで誕生した宇品町一帯は、東側が工場地区、南部が港湾地区、西部が商業・住宅地区となっている。1929（昭和4）年に開催された昭和産業博覧会では、暁橋で結ばれた元宇品が第三会場（別世界会場）となり、プール、水族館や望海食堂などが設けられた。

宇品海岸通【明治後期～大正期】
人力車が並んだ宇品海岸通。広い道路には子供たちの姿がある。

千田銅像【昭和戦前期】
宇品港を開いた功労者である広島県知事、千田貞暁を顕彰するため、大正期に銅像が建立されて、付近は千田廟公園として整備された。

新道路【昭和戦前期】
洋風建築の旅館や新聞販売店などが建ち並んだ新道路。宇品の街は昭和時代に入って、さらに発展していった。

向宇品別世界【昭和戦前期】
1922（大正11）年に海浜リゾートとして誕生した宇品別世界。1929（昭和4）年の昭和産業博覧会開催時には、第三会場となった。

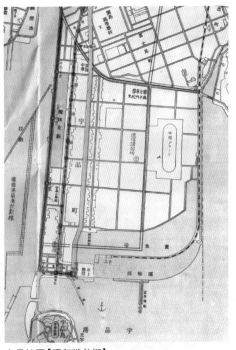

宇品地図【昭和戦前期】
この頃の宇品には省線（国鉄）の宇品線が延びていたが、現在は廃止されている。一方、左側に緑色の線で示されている広島電鉄宇品線は、現在も地元住民の足となっている。南側には軍用桟橋、水上警察が見え、その北側には養魚場が広がっていた。宇品公園のある宇品島（元宇品）は、既に地続きになっている。

島宇品海水浴場【大正期】
宇品一帯は、広島市民にとって手軽に行かれる海水浴場だった。

向宇品観音堂【昭和戦前期】
宇品島（現・元宇品町）にある臨済宗の寺院、観音寺。市街地を見下ろす高台に位置し、樹齢400年の椿の古木がある寺として知られる。

八丁堀【昭和戦後期】
中国新聞社、天満屋、福屋が建ち並んでいる八丁堀。市電（路面電車）の安全地帯は、広島の街では健在だ。

八丁堀【昭和戦後期】
市電（路面電車）、バス、自動車がひしめき合うようにして走る八丁堀付近。街は戦前をしのぐ賑わいを見せるようになった。

広島市街（左）【昭和戦後期】
復興する広島の街の俯瞰である。2枚続きの絵葉書になっており、焼け跡の更地から道路が整備され、ビルが建ち上がりつつある戦後の広島市街の姿がうかがえる。

八丁堀ビル街【昭和戦後期】
八丁堀付近を走行する自動車、バス。手前を走る三輪トラックは、右手に見える「マツダ三輪トラック」のビル、看板とリンクしている。

八丁堀【昭和戦後期】
戦後の街の特徴のひとつは、ビルの屋上に建つ広告塔だった。空に延びる塔の姿は、躍進する街と人々の姿に重なっていた。「福美人」は西条（現・東広島市）の清酒ブランド。

01-20 戦後の市街

　1945（昭和20）年8月6日の原爆投下による壊滅的な被害を受けた広島市の市街地だが、他の都市と同様に戦後は著しい復興を遂げた。1946（昭和21）年には、広島復興都市計画が決定し、24路線の道路、35の公園、4つの緑地などが整備されることになった。

　広島を代表する繁華街、八丁堀に店を構える福屋百貨店の八丁堀本店の本館は、原爆により内部は全焼して、一部はGHQに接収されたものの、1946（昭和21）年元旦から1階で営業を再開している。1950（昭和25）年に接収は解除され、1953（昭和28）年には全面復旧している。この福屋百貨店と隣り合う形で、現在の三越広島店の場所にあったのが中国新聞社の本社である。1937（昭和12）年に竣工した8階建ての本社は、原爆で被災して他社での新聞印刷、発行を余儀なくされたものの、3か月後には本社での印刷を再開している。広島電鉄の路面電車（市内線・市電）も、8月9日から一部区間で運転を再開し、12月には本線の全線が復旧した。1949（昭和24）年には、広島平和記念都市建設法が成立し、道路拡幅と線路の付け替えが実施された。

市役所【昭和戦後期】
グリーンベルトが向けられている紙屋町付近。市電、バス、自動車、自転車が揃った昭和時代の街角。

金座街【昭和戦後期】
雑貨店、書店、靴店が軒を連ねる金座街。スズラン灯が設置された、復興の商店街を人々が歩いている。

本通【昭和戦後期】
自転車で急ぐ店員や会社員が目立つ本通。庶民の生活を支えてきた街の顔がうかがえる。

アーケード商店街【昭和戦後期】
万国旗で飾られた明るいアーケード商店街で、買い物を楽しむ人々。

広島市街の空撮【昭和戦前期】
本川、元安川が流れる広島市街中心部。戦後、広島市民球場、平和記念公園が誕生して風景も大きく変化した。

01-21 戦後の復興

　戦後の広島市の復興の様子は、世界の人々が注目するところとなった。1947（昭和22）年8月6日、当時の浜井信三市長が読み上げて以来、続けられている「平和宣言」の願いは、世界平和と核兵器の廃絶を求める人々の間で共有されていった。

　広島そして世界の人々の思いを象徴的に表しているのが、元安川の河畔に建つ原爆ドームである。もともとは1915（大正4）年に広島県物産陳列館として建てられ、その後は広島県産業奨励館となっていた。チェコの建築家、ヤン・レッツェルが設計した3階建ての洋風建築は、爆心地に近い位置にありながら、原爆による全壊を免れた。中央のドーム部分は枠組みと外壁が残り、後世に伝えるべき被爆建造物となった。その後、原爆ドームと呼ばれるようになった建物は、1996（平成8）年にユネスコの世界（文化）遺産に登録された。

　1957（昭和32）年にプロ野球、広島カープの本拠地として誕生した広島市民球場は、スポーツを愛する人を中心に市民、県民の心の拠り所となった。この球場が造られた中区基町には、かつて旧日本軍西部第二部隊営庭があった。その後、この球場は日本シリーズをはじめとする数々の対決の舞台となったものの、老朽化のために2010（平成22）年に閉場した。

広島市民球場【昭和戦後期】
プロ野球、広島カープの本拠地となった広島市民球場。奥に見えるのは比治山。

広島市民球場【昭和戦後期】
ナイター用の照明設備があった広島市民球場。周辺にもビルの数が増えている。

原爆投下後の市街【1945年頃】
灰燼と化した広島の街と原爆ドーム（旧・広島県産業奨励館）。
爆心地近くにも、バラックの建物が建っている。

原爆ドームと子どもたち【昭和戦後期】
原爆ドームを背景にして、川沿いでスケッチをする女の子
たち。

原爆ドーム【1945年頃】
原爆投下の目標となった元安橋の東詰にありながら、この建
物は中央のドーム部分の枠組みと外壁が残った。

現在の原爆ドームと市街。相生橋から下流を見た風景。左手
に原爆ドームが見える。

原爆ドーム【昭和戦後期】
平和都市、広島のシンボルとなった原爆ドーム。世界遺産
にも登録されている。

01-22 広島城と復興の街

　原爆による被害は、江戸時代から街のシンボルとなっていた広島城も免れることはできなかった。原爆投下により、日本陸軍の中国軍管区司令部があった本丸、天守をはじめとして、表御門、中御門、二ノ丸の平櫓、多門櫓といった初代広島城の建物のほとんどが倒壊、焼失し、形をとどめなくなった。

　戦後、荒廃したままの城内では、1951（昭和26）年の広島国体開催に合わせて、木造の仮設天守（二代目）がつくられている。その後、本格的な天守再建の動きが高まり、1958（昭和33）年に三代目の広島城天守が建てられた。この五層の天守は鉄骨鉄筋コンクリート構造で、初代の天守を忠実に再現したものである。

　市内では、被災した橋梁の架け替えも急ピッチで行われた。市内の川に架けられた諸橋においては、1945（昭和20）年9月、原爆に続いて襲ってきた枕崎台風が甚大な被害を与えた。その後、かつての新橋に代わって平和大橋が、新大橋に代わって西平和大橋が架橋される。

広島城【昭和戦後期】
老朽化しつつある現在の天守（三代目、SRC造り）に代わって、木造により新しい天守を復元する計画も進められている。

広島城【昭和戦後期】
原爆で天守が失われた広島城の姿。美しい蓮の花とは対照的に寂しい風景。

相生橋【昭和戦後期】
全国的にも珍しいT字形の橋として知られる相生橋。1983（昭和58）年に架け替えられる前の姿。

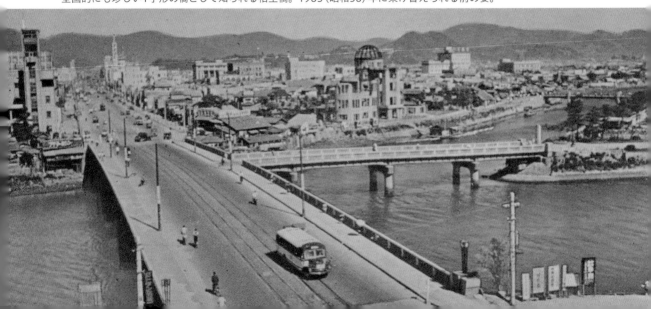

広島城【昭和戦後期】
1958（昭和33）年の市制70周年を記念して、天守の外観がSRC造りで復元されて、広島城郷土館が開館した。

現在の元安河畔。元安橋から上流の相生橋、原爆ドームを望む。両岸の風景も大きく変わった。

元安川、原爆ドーム【昭和戦後期】
原爆ドームに近い元安川の流れ。手前には、釣りを楽しむ男性らがいる長閑な風景だ。

相生橋【昭和戦後期】
被災した当時の相生橋と、戦後に復興した姿の対比。周囲の姿も大きく変わっている。

平和大橋、西平和大橋【昭和戦後期】
元安川に架かる平和大橋と、本川に架かる西平和大橋。ともに戦後、新しい橋と名前になった。

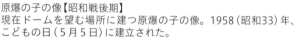

現在の原爆の子の像付近

原爆の子の像【昭和戦後期】
現在ドームを望む場所に建つ原爆の子の像。1958（昭和33）年、こどもの日（5月5日）に建立された。

原爆傷害調査委員会（ABCC）【昭和戦後期】
比治山の山頂にあった原爆傷害調査委員会（ABCC）。現在は、放射線影響研究所に改組されている。

世界平和記念聖堂【昭和戦後期】
1954（昭和29）年に竣工した世界平和記念聖堂。2006（平成18）年に国の重要文化財に指定された。

広島県庁舎【昭和戦後期】
広島県庁舎（現・本館）は1956（昭和31）年、中区基町に建てられた。

公会堂、平和記念資料館、平和記念館【昭和戦後期】
広島市公会堂は1989（平成元）年に建て替えられ、現在は広島国際会議場となっている。

公会堂、平和記念館資料館、平和記念館【昭和戦後期】
平和公園に並び建つ公会堂、平和記念資料館、平和記念館。

原爆死没者慰霊碑【昭和戦後期】
1952（昭和27）年、丹下健三のデザインで平和記念公園内に設置された。

広島大仏【昭和戦後期】
原爆犠牲者を供養するために造られた広島大仏。原爆ドーム近くの寺院にあったが、現在は奈良・極楽寺に安置されている。

01-23 平和公園

　広島を代表する繁華街のひとつだった中島町。元安川と本川に挟まれた中洲の北側は戦後、平和記念公園として整備された。また、この南側には、東西に走る平和大通りが建設されて、平和大橋と西平和大橋が架けられた。

　平和記念公園と園内に設けられた諸施設は、広島における代表的な名所風景として、セット物の絵葉書の中に組み込まれている。平和記念公園の南側にある広島平和記念資料館は、1955（昭和30）年に平和記念資料館（現・平和記念資料館本館）、平和記念館（現・平和記念資料館東館）が開館した。同年、その西側に誕生した広島市公会堂は、その後、広島国際会議場となっている。また、1958（昭和33）年に園内北側に建てられた「原爆の子の像」は、原爆による白血病のために亡くなった佐々木禎子さんをモデルにしたもので、同級生らによる募金活動により作られた。

　現在、比治山に建つ放射線影響研究所は、1950（昭和25）年に移設された、原爆傷害調査委員会（ABCC）の後継機関。もとは陸軍墓地があった比治山の山頂に建っていた、カマボコ型の独特の建物が並ぶ姿は、当時の絵葉書の中に見ることができる。

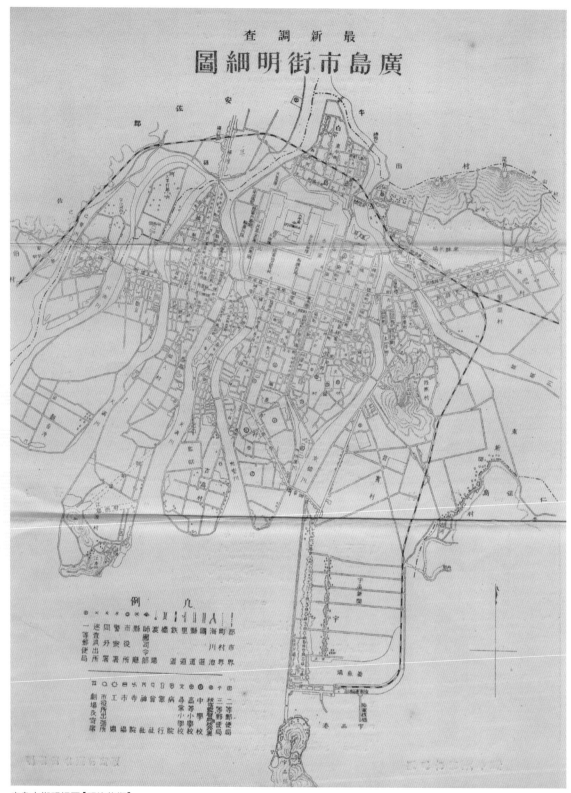

広島市街明細図【明治後期】

1907（明治42）年頃に発行された「広島名所案内」に付けられている「広島市街明細図」で、かなり古い時期の市街図といえる。広島駅が置かれているのが大須賀町で、南側には猿猴橋町があり、西国街道の木橋があったことがわかる。元安川の分岐点付近、細工町には郵便局の存在を示す「〒」マークが見える。南側（下）に目を移せば、埋立地の宇品新開の南に養魚場、陸軍桟橋が見え、ここが宇品港になっていた。さらにその南に宇品島（元宇品）があった。

広島市案内略図【昭和初期】
1929（昭和4）年開催の昭和産業博覧会に合わせて発行された「広島市旅館案内」に付けられている「広島市案内略図」で、西練兵場、比治山、宇品という3か所の博覧会会場が赤く塗られている。広島瓦斯電軌（現・広島電鉄）の路面電車が市内各地を結んでおり、京橋川を渡る御幸橋の軌道専用橋は1919（大正8）年に開通し、宇品線が一本につながっていた。宇品付近では、「宇品新開」が「宇品町」、「宇品島」が「向宇品」に名称が変わっている。

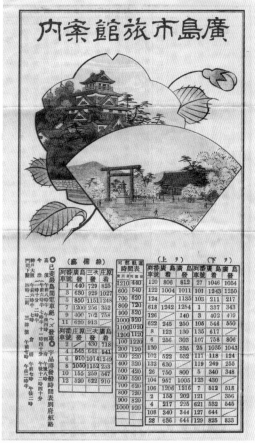

広島市旅館案内【昭和初期】
広島市案内略図がある広島市旅館案内の表紙。山陽本線、芸備線、可部軌道（現・可部線）の時刻表が付けられている。

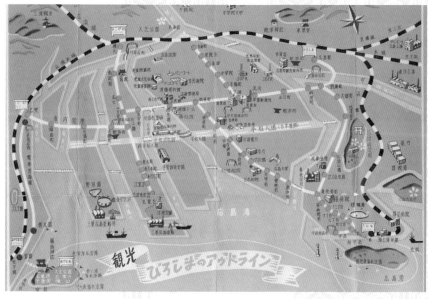

観光ひろしまのアウトライン【昭和戦後期】
広島市が発行した「広島の観光」に掲載されている地図「観光ひろしまのアウトライン」。市内を横断する平和大通（百米道路）が平和大橋、西平和大橋方面に延びて、平和記念館、原爆慰霊碑などの施設が誕生している。太平洋戦争中に軍の要請で開通した広島電鉄の江波線が江波口、江波車庫前まで延びており、江波公園には広島地方気象台が置かれていた。宇品地区には競輪場、国立病院などが誕生し、向宇品（元宇品町）に別世界海水浴場が見える。

広島市内電車バス交通案内【昭和戦後期】
1952（昭和27）年元旦に発行された「広島電鉄沿線案内」の裏面に掲載されている「広島市内電車バス交通案内」である。
宇品地区に国立病院はあるが、この年に開場する広島競輪場はまだ描かれていない。この当時、広島電鉄江波線の終点は江
波口停留場だった。また、広島市民球場は誕生しておらず、平和記念公園の諸施設も記載されていない。現・世界遺産の原
爆ドームは、産業奨励館として描かれている。

広島市内電車バス路線図【昭和戦後期】
広島電鉄が運行していた市内電車、バス、郊外バス、宮島電車の路線が色違いで示されている。裏面の「広島市内電車バス交通案内」の補足的な地図で、電停、バス停が詳細に記載されている。1952（昭和27）年元旦の路線である。

観光のひろしま【昭和戦後期】
広島バスが発行したパンフレットに掲載されている地図「観光のひろしま」。広島の観光名所がシルエットで表現され、そこを巡るバスの路線が赤い線で描かれており、カラフルな地図に仕上がっている。中心に見えるのは、原爆ドームと広島市民球場。特にバッターボックスに立つ打者が大きく描かれた市民球場の姿が目を引く。

帝国陸軍参謀本部陸地測量部発行「1/25000地形図」

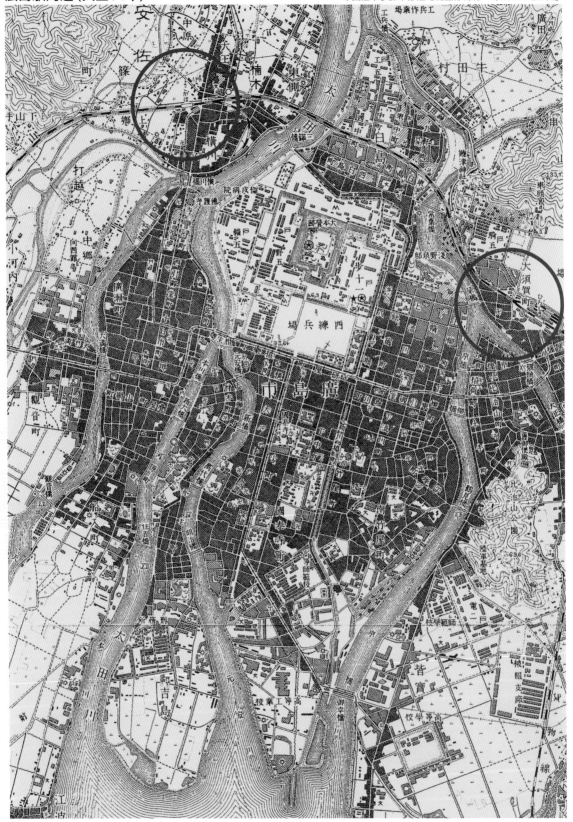

太田川水系の河口に広がるデルタ地帯に発達した、広島市街地の地図である。周辺部はこの時期、広島市ではなく、阿佐郡、安芸郡牛田村などだった。また、中心部には陸軍の第5師団が置かれた広島城が見え、その周囲に陸軍施設が集まっていた。現在、平和公園のある中島町一帯も、ここでは町屋や商家の広がる市街地だった。

02

宮島
日本が世界に誇る世界遺産

宮島を巡る観光船だった竜宮丸。乙姫丸という同僚船も活躍した【昭和戦後期】

現在の宮島大鳥居

宮島大鳥居【明治後期〜大正期】
海に浮かぶ大鳥居だが、潮が引くと干潟になり、貝獲りを
する人の姿があった。

02-1 厳島神社

　「安芸の宮島」として日本三景のひとつに数えられている厳島神社は、日本が誇る世界遺産のひとつである。登録は1996（平成8）年で、日本の文化遺産では法隆寺、姫路城、古都京都の文化財、白川郷・五箇山に次ぐ5番目だった。

　厳島神社の創建は593（推古天皇元）年で、その後は安芸国一宮として、人々の崇敬を集めてきた。中でも平安時代末期、平家政権を担った平清盛は安芸守を務めたことから、この神社を大いに崇敬し、平家の氏神となった。1168（仁安3）年頃には、清盛により海上に建つ大規模な社殿が造営されたが、その後の火災で焼失し、現在残る社殿は鎌倉時代以降に建てられたものである。本殿、拝殿、回廊などは国宝に指定されている。また、海上に建つ高さ16メートルの大鳥居は、宮島（厳島神社）のシンボル的存在で、日本三大鳥居のひとつとなっている。

宮島大鳥居【明治後期〜大正期】
社殿を背景にした大鳥居。手前には鹿がいる。

御笠浜石鳥居【明治後期】
1905（明治38）年に建立された、御笠浜の石鳥居。

日露戦争記念めしとり杓子【明治後期〜大正期】
日露戦争で出征した兵士が奉納した杓子がびっしりと柱を覆っている。杓子の奉納は「敵をめしとる」ことを願った。

千畳閣、五重塔【明治後期〜大正期】
末社豊国神社の本殿はその広さから「千畳閣」と呼ばれる。

厳島神社本社正面【大正期】
本社の海側には、管絃祭の出御、還御が行われる平舞台がある。

宮島大鳥居【明治後期〜大正期】
松の木と石鳥居越しに見る宮島のシンボル、大鳥居。

厳島神社本社側面【大正期】
海の上に浮かんだ姿を見せる厳島神社。世界遺産となって、海外からやって来る観光客を魅了している。

厳島神社本殿内陣【大正期】
荘厳な雰囲気を漂わせる本殿内陣。先塗りの柱の姿が美しい。

みかど踊り【明治後期】
宮島を訪れる観光客に披露されていた芸者たちのみかど踊り。旗を手にしてポーズをとっている。

02-2 宮島名所

　厳島神社の西側、大元谷公園がある付近には、明治から大正にかけて、ミカドホテル、宮島ホテルなどの宿泊施設が存在した。明治20年代の旅館「白雲洞」が建ち、1907（明治40）年にミカドホテル、1917（大正6）年に宮島ホテルが誕生している。また、ここに鎮座する大元神社は、厳島神社よりも古い歴史を有する神社である。弥山に登る宮島ロープーウエーの駅がある紅葉谷公園には、160年の歴史がある老舗旅館「岩惣」がある。紅葉谷はその名の通り、紅葉の名所で、名菓「もみじ饅頭」の名称の由来となった場所でもある。

　もみじ饅頭とともに、宮島を訪れる人を楽しませてくれる存在が、島に自生する鹿。この島に生息する鹿は、厳島神社の神鹿と見なされるようになり、明治維新後も全島が禁猟区となっていた。太平洋戦争後、一時その数が減ったが、現在は回復し、宮島の観光資源として保護されている。

ミカドホテル【明治後期】
大元谷公園にあったミカドホテル。1907（明治40）年開業。

ミカドホテル【明治後期】
ミカドホテルの和風建築と庭園。

宮島、大鳥居付近【明治後期～大正期】
亀居山大願寺から眺めた宮島の海。大鳥居とともに多くの舟が見える。

厳島神社管絃船【明治後期～大正期】
旧暦6月17日に行われる厳島神社の祭礼の主役となる管絃船。和船3艘が組み合わされている。

紅葉谷公園【明治後期～大正期】
弥山の麓に広がる紅葉谷公園。その名の通り、紅葉の名所である。

大元谷公園【明治後期～大正期】
海岸線に沿って石灯籠、遊歩道が続いている、大元谷公園。

厳島神社神鹿【明治後期～大正期】
宮島、厳島神社を訪れる人の目を楽しませてくれる神鹿たち。

長浜海岸【明治後期～大正期】
厳島神社の北東、長浜神社が鎮座している長浜海岸。

宮島市街【明治後期〜大正期】
弥山登山道から見た宮島の市街。
里見茶屋は登山道にあったが、現
在は休憩所が存在する。

蓬莱岩【明治後期〜大正期】
宮島の北端、聖崎付近の海中にある
蓬莱岩。

02-3 弥山

　観光名所の宮島（厳島神社）へは、山陽本線・広島電鉄の宮島口駅の桟橋から、宮島フェリー（宮島連絡船）で渡ることになる。宮島連絡船は、山陽鉄道時代に始まって、鉄道連絡船となり、現在もＪＲ西日本の子会社が運航している。

　一方、宮島の島内には鉄道やバスはなく、徒歩か人力車、タクシーの利用となる。しかし、標高535メートルの弥山に上るには、宮島ロープウエーを使うことができる。広島観光開発が運営する宮島ロープウエーは、1959（昭和34）年4月に開業している。

　この弥山の山頂には現在、2013（平成25）年に誕生した宮島弥山展望休憩所があるが、本来は信仰の対象であり、修験道の聖地でもあった。山頂付近には宗像三女神を祀る御山神社が鎮座し、山岳信仰の磐座とされる巨石群がある。この御山神社は江戸時代までは、三鬼大権現を祀る三鬼堂だった。また、真言宗御室派の大本山、大聖院では、空海による開基以来1200年以上燃え続ける「きえずの火」が存在している。

弥山三鬼堂【明治後期～大正期】
弥山山頂の大聖院の堂宇、三鬼大権現を祀る三鬼堂。

弥山総本坊【昭和戦前期】
真言宗御室派の大本山、厳島の総本坊、大聖院。

弥山毘沙門堂【明治後期～大正期】
不動岩の隣にあった毘沙門堂。1907（明治40）年に焼失、その後も再建されたが、現在は存在しない。

弥山消えずの火【明治後期～大正期】
弘法大師の時代から1200年以上守られている「消えずの火」。

弥山駒ケ林【明治後期～大正期】
宮島の登山ルートのひとつ、駒ケ林。頂上の標高は509メートル。

弥山不動岩、毘沙門堂【昭和戦前期】
不動岩と毘沙門堂。規模を縮小して再建された昭和戦前期の風景。

厳島代表旅舎及商店

岩惣 旅舘至誠 代表電話三番	大根屋旅舘 電話十三番	錦水舘 電話七十二番
ひがしや旅舘 代表電話五番五十番	宮島ホテル 電話二番一〇番	かめ福旅舘 電話四十五番
宮島舘 旅舘 電話〇五番	遊樂園 電話〇番	淺田旅舘 電話十四番
松岡旅舘 電話四番	平野物産店 電話十八番	佐々木物産店 宮島卸 宮忠 電話二十一番
藤山鶴亀堂 水産物産部 電話〇七番	藤井商店 名産菓子商 電話〇番	松本守夫商店 名子煙草 電話〇番
松大モーター部 電話三十九番 松屋	山本寅吉商店 物産部 中丸 本店 支店	蔦谷物産部 電話二十四番
勝谷勉強堂製菓部 電話二十九番	かめ福食堂部 電話二十七番	かめ福物産部 電話六十七番
花田寫眞舘 電話十八番	一角焼 越智 電話十二番	

宮島の紹介・地図【昭和戦前期】

「宮島の紹介」のタイトルが付いた、宮島観光協会が発行した絵図である。御山の山頂と厳島神社を中心の軸として、宮島（厳島）の姿を大きく扱っている。緑に覆われた島として描かれており、全島に広がる赤い木は、名物でもある紅葉（桜？）だろうか。絵図の下には、岩惣をはじめとする代表的な旅館、食堂、物産店の表が付けられている。

宮島ホテル御案内【昭和戦前期】

こちらの絵図は、広島（宇品）方面、山口（岩国）方面との航路を含めた構図で、宮島の姿がワイドに展開されている。厳島神社の社殿は立派に描かれ、発行元の宮島ホテルの位置もはっきりと示されている。目を凝らすと奥の方には九州、朝鮮の文字も見えており、広範囲の地域から集客を図っていたことがわかる。

宮島の紹介・表紙【昭和戦前期】
宮島のシンボル・厳島神社の大鳥居をデザインしたもの。下は銘酒の紹介。

宮島ホテル御案内・表紙【昭和戦前期】
大鳥居に加えて、神鹿、だらりの帯の舞妓、松という美しい組み合わせ。

宮島、厳島神社周辺（昭和7年）

帝国陸軍参謀本部陸地測量部発行「1/25000地形図」

本土側の海岸線には山陽本線が走り、宮島駅が置かれている。この宮島口からは、対岸の宮島（厳島）へ向かう鉄道連絡船が出ていた。宮島側には佐伯郡の厳島町（後に宮島町）、対岸には地御前村の文字が見えるが、地御前村は1956（昭和31）年に廿日市町に編入された。その後に変わった廿日市市は、2005（平成17）年に宮島町を編入した。

03
CHAPTER

呉
軍港の街、「大和」のふるさと

海軍の軍人ばかりでなく、市民も多く利用した呉市電【昭和戦前期】

二河橋梁を渡る貨客混合列車【大正期】
呉市街を流れる二河川に架かる橋梁を渡る呉線の列車。橋のすぐ向こうは呉駅の構内である。

呉駅【大正期～昭和戦前期】
1923（大正12）年8月に竣工した二代目呉駅舎。太平洋戦争の空襲で焼失した。

細越トンネル入り口【大正期】
呉線の矢野駅と坂駅の間にある細越トンネルの東口付近。海に近い位置にある。

03-1 駅と市街

　呉市の人口は約21万人、現在は広島市、福山市に次ぐ第3位となっているが、戦前には広島市を凌ぐ県最大の人口を有する都市でもあった。その原動力となったのは、海軍の呉鎮守府であり、呉海軍工廠であった。1902（明治35）年に安芸郡の和庄町、二川町などが合併して呉町となり、同時に市制を施行して、呉市が成立している。1928（昭和3）年に吉浦町、阿賀町、1941（昭和16）年には仁方町、広村を編入して市域を広げ、1943（昭和18）年には人口が40万人を突破した。戦後も川尻町、音戸町、安浦町などを編入している。

　呉の玄関口となる呉駅は、1903（明治36）年12月、官設鉄道の海田市〜呉間が開通したことで西側部分が開業している。一方、東側の呉〜広間の開通は1935（昭和10）年3月で、かなり遅れた。駅舎は1923（大正12）年8月、二代目駅舎が竣工。この駅舎は1945（昭和20）年7月の空襲で焼失し、1946（昭和21）年4月に三代目駅舎が竣工した。1981（昭和56）年7月、駅ビルをもつ現在の橋上駅舎（四代目）が誕生している。

呉市街全景【大正期】
瀬戸内海に向けて広がる呉の市
街地。海軍施設の拡大とともに
市域も広がっていった。

呉市街【明治後期】
日本家屋が並ぶ呉の街並み。整然
とした区画となっている。

五番町【大正期】
呉市役所に近い場所にある五番町(現・中央西3丁目)。1903
(明治36)年に創立された、呉市立五番町小学校があった。

朝日遊郭【明治後期】
呉には、吉浦遊郭と朝日遊郭の2つの遊郭が存在した。これ
は市街地の北側、朝日町にあった朝日遊郭。

四ツ道路、呉市電【昭和戦前期】
本通りにあった四ツ道路交差点。ここで、呉市電（路面電車）は境橋、呉駅方向に曲がることとなる。

03-2 市電が走る街

　呉市内を走る市電（路面電車）は、1909（明治42）年10月に開業した呉電気鉄道がルーツとなっている。これは、広島電鉄（広島市電）よりも早く、中国地方では岩国電気軌道に次ぐ、2番目の開業だった。その後、広島呉電力、広島電気、芸南電気軌道と社名を改めながら、1942（昭和17）年12月に呉市交通局が運行する呉市電となり、1967（昭和42）年12月の廃止まで続いた。

　呉市電には市内線、郊外線があり、呉駅と連絡する呉駅前を中心に西側は呉線の川原石駅付近まで、東側は安芸阿賀駅のある阿賀駅前を越えて、長浜まで至っていた。この市電（路面電車）が走る姿は、本通りとともに二河橋、堺橋を渡る場面などが絵葉書に撮影されている。二河川に架かる二河橋は、1908（明治41）年にまず木橋で架橋され、翌年に電車が通る併用橋となった。1932（昭和7）年には、鉄筋コンクリート橋に架け替えされ、こちらも併用橋となっていた。堺橋は、市内中心部を流れる堺川に架けられている橋である。

四ツ道路と呉市電【昭和戦前期】
四ツ道路（本通り1丁目木）交差点をカーブする呉市電（路面電車）。右手前に水兵の姿が見える。

呉市の商店街【昭和戦前期】
スズラン灯が設置されている呉市の商店街。左手前には呉市電（路面電車）の安全地帯がある。

二河橋の電車【大正期】
二河橋を渡る2両の呉市電(路面電車)を、多くの人々が見守っている。開通記念日の風景か。

二河橋【大正期】
1908(明治41)年に呉市街地を流れる二河川に架けられた二河橋。この木橋の上を、翌年(1909年)から呉市電(路面電車)が走るようになった。

堺橋【大正期】
呉市電(路面電車)と人力車が並走する呉市街地の堺橋。こちらは二河川とともに市街地を流れる堺川に架かる。

本通り【昭和戦前期】
2人の女性を前にして、本通り(四ツ道路)の電停が見える。左手には呉本通郵便局が建っている。

呉郵便局【大正期】
堺橋(境橋)と呉停車場前の間にあった呉郵便局前電停で、右奥にある木造の建物が呉郵便局。この電車は、川原石行きである。

堺橋【大正期】
堺橋上の併用軌道を走る呉市電。沿道に洋風建築は見えず、自動車も通っていない大正期の風景。

中通【大正期】
呉を代表する繁華街である中通。
右に見えるのは映画館「喜楽館」

千日前付近の中通【昭和戦前期】
歩道が整備されて、スズラン灯が設
置されている中通。自動車の姿もあ
る。

03-3 繁華街と公的機関

　呉のメインストリートは、駅の東側を走る国道185号で、本通と呼ばれている。かつては市電（路面電車）が走っており、その姿は絵葉書に多く残されている。この本通は、南側の本通2丁目で、国道487号となり江田島方面に向かうが、すぐ先の本通1丁目からは西側の呉駅前、二河橋方面に行く国道31号が延びている。

　一方、中通は、通称・れんがどおりといわれる商店街で、戦前にはスズラン灯が並ぶおしゃれな繁華街だった。この中通4丁目には、大阪の繁華街に倣った「千日前」と呼ばれる映画館などがある歓楽街が存在し、その様子は映画「この世界の片隅に」でも描かれている。この商店街は、1990（平成2）年に日本初の開閉式ドーム型アーケードが設置されたことでも話題になった。

千日前付近の中通【昭和戦前期】
映画「この世界の片隅に」に登場したことで、聖地巡礼に訪れる人も多いという。

千日前付近の中通【昭和戦前期】
昭和戦前期の中通の風景だが、まだまだ和服姿で歩く人々が
主流だったことがわかる。

呉海軍工廠職工共済会病院【大正期】
1904（明治37）年に開院した、呉海軍工廠職工共済会病院。
手前に見えるのは、呉市電の線路か。

中通の夜景【昭和戦前期】
スズラン灯が灯った中通の夜景。商店
の中もかなり明るい。

呉市役所【昭和戦前期】
中央3丁目、現在の呉信用金庫ホール
が建つ位置にあった呉市役所。円形の
塔屋をもつ二階建ての木造建築だった。

呉区裁判所【明治後期～大正期】
1877（明治10）年に開庁した、現在の広
島地方裁判所の呉支部か。

海軍一門前のめがね橋【大正期】
現在は交差点として名前が残るめがね（目鏡）橋。かつては、市街地と海軍用地の間を結ぶ橋だった。

03-4 海岸風景

　戦前の呉といえば、海軍の街であり、海岸付近にはほとんど海軍の施設があった。その中でも有名な場所は、市街地と海軍用地の間に架けられていた眼鏡橋。橋の先にある海軍第一門を抜けると、鎮守府や海兵団、海軍病院といった施設が並んでいた。当時のアーチ型の石橋は、独特の形態だった。現在は地下になって見ることができないが、NHKの人気番組「ブラタモリ」で詳しく紹介されていた。

　一方、市街地の西に位置し、呉線の川原石駅があるあたりには、市民の生活を支える漁港が存在してきた。古い絵葉書には、帆柱を建てた和船が係留されている、静かな港の風景が残されている。また、ここ（呉市光町）には、1951（昭和26）年に全国で11番目となる中央市場の「呉市地方卸売市場」が設置された。

川原石海岸【明治後期〜大正期】
呉市街地の西側に位置する川原石海岸。古くから港町として栄えた場所である。

川原石海岸【大正期】
大小の船舶が見える川原石の沖合。現在は海岸に呉市地方卸売市場が置かれている。

呉港の旧海軍工廠【昭和戦後期】戦後の呉港と、残された旧海軍工廠の施設。

現在の呉の造船所風景

海光館【大正期】
1922 (大正11) 年に開催された中国四国生産品共進会の第二会場 (川原石) に建てられた海軍参考館は、会期終了後は「海光館」と名を変えて展示施設となっていた。

水交社【大正期】
入船山の北東麓にあった呉水交社。水交社は、戦前にあった海軍将校の親睦団体である。

水雷団【大正期】
呉鎮守府には1896 (明治29) 年、呉水雷団が設置された。ここは水雷艇の基地となっていた。

呉鎮守府【明治後期〜大正期】
呉の発展の礎となった海軍の鎮守府。1886（明治19）年に設置が決まり、1890（明治23）年に開庁した。

呉海兵団【明治後期〜大正期】
海兵団は、鎮守府に設置されていた陸上部隊。鎮守府開庁の前年（1889年）に設置された。

03-5　海軍施設

　現在は、大和ミュージアム（呉市海事歴史科学館）が存在する呉市には、戦前、大和を建造した呉海軍工廠のほか、呉鎮守府、海軍病院、海兵団、海軍潜水学校、海軍航空隊などの海軍施設が存在した。このほか、海軍将校が集まる社交倶楽部、水交社があった。この水交社が建てられていたのは、入船山の北側である。また、水交社に対して、下士官、水兵らが集まる下士官集会所もあり、1936（昭和11）年に建てられた三代目のモダンな集会所は、現在も残されている。

　呉鎮守府（呉鎮）は、1889（明治22）年に完成し、開庁式は明治天皇が臨席して行われた。鎮守府の二代目赤レンガ庁舎は、1907（明治40）年に竣工している。太平洋戦争の終戦で、呉鎮守府は廃止されたが、鎮守府の庁舎は、戦後も海上自衛隊の呉地方隊が使用。現在も「呉鎮」と呼ばれている。

呉海兵団【昭和戦前期】
海兵団の門前を、銃を肩にした水兵が行進する風景が見える。

呉鎮守府【昭和戦前期】
呉鎮守府の正門。この庁舎は戦後、海上自衛隊の呉地方隊が継承した。

軍港桟橋【昭和戦前期】
軍艦が並ぶ港内、手前には桟橋や上陸場が見える。

海軍工廠船渠【昭和戦前期】
呉海軍工廠の船渠（ドック）。船舶の建造、修理用に設けられていた。

呉水雷団【大正期】
呉水雷団の正門。衛兵が固めるいかめしい姿である。

海軍下士官集会所【昭和戦前期】
1936（昭和11）年に建築された呉海軍下士官集会所。現存する建物。

150ｔクレーン【大正期～昭和戦前期】
呉海軍工廠にあった大型のクレーンである。

船渠【大正期～昭和戦前期】
多数の木材で支えられた軍艦の姿が見える、船渠（ドック）の風景。

造船台【大正期～昭和戦前期】
旗で飾られた船舶が海に出ようとしている進水式の風景か。

二河の滝【明治後期～大正期】
滝で有名な二河峡は、海軍施設が造られる呉の街にとって不可欠な水源地となっていた。

03-6
名所、旅館

二河の滝【明治後期～大正期】
呉市の名勝に指定されている二河峡。男滝、女滝という2つの滝が有名である。

二河公園【昭和戦前期】
1916（大正5）年開園の二河公園は、次第に整備が進められて、博覧会場にもなった。

二河の滝【昭和戦前期】
水遊びをする人々がやってきた二河の滝。市民にとってはオアシスの存在でもあった。

湯舟山温泉場【明治後期～大正期】
市街地の南東にある湯舟山万年寺付近には、かつて鉱泉場が存在した。

湯舟山温泉場【明治後期～大正期】
湯舟山には、こんな旅館が建ち並んでいたようだが、現在は
その面影もない。

吉川旅館【大正期】
呉の高級旅館だった吉川旅館。本通１丁目にあった。

　呉市内を流れる二河川は、海軍の拠点となった呉
における重要な水源となってきた。この下流に近い
二河峡は、男滝、女滝という２つの滝が有名で、雄
大な岩や木々の姿が楽しめる渓谷がある二河峡公園
となっている。ここには1889（明治22）年に誕生し
た二河水源地がある。
　また、さらに下流にある二河公園は、もともとは
海軍の射撃場だったが、呉市に払い下げられて、大
正天皇の御大典記念事業として整備された。1916
（大正５）年に開園し、御典橋や行啓記念館、擇善館
などが設けられた。また、ここにはサクラの木が多
く、花見の名所となっていたほか、野球やバレーボー
ルといったスポーツ競技の会場となっていた。
　現在は、その面影はないが、市街地の東側にある
湯舟山付近には、「呉の仙境」といわれた温泉場が
存在していたようだが、詳細は不明である。

呉水力発電所【大正期】
現在の呉市（当時は賀茂郡広村）を流れる黒瀬川に設置され
ていた広島水力電気（現・中国電力）の広発電所。1899（明
治32）年から呉、広島に電気を供給していた。

国防と産業大博覧会の第一会場正門【1935年】
1935（昭和10）年３～５月、呉市で開催された博覧会。軍港都市・呉での開催だけに、軍事色の強いものだった。

国防と産業大博覧会　子どもの国、野外劇場【1935年】
飛行塔を備えた子どもの国と野外劇場。会場には大人も子どもも楽しめるアトラクションが用意されていた。

国防と産業大博覧会の第二会場正門【1935年】
会場となったのは、二河公園と川原石の海軍用地の２か所だった。

国防と産業大博覧会の陸軍館【1935年】
戦車をデザインしたゲートが来場者を迎えていた陸軍館。

03-7 博覧会

　1935（昭和10）年、呉市が主催する「国防と産業大博覧会」が大々的に開催された。この時期、全国各地ではさまざまな名称の博覧会が開催されていたが、軍港のある街らしく「国防」の文字が入れられていた。会場となったのは、市街地北側の二河公園（第一会場）と川原石の海軍埋立地（第二会場）である。同年３月から５月にかけて開催された45日間で、約70万人が来場した。

　第一会場の正門は、３連続アートを備えたモダンな構造で、壮大なスタイルだった。一方、第二会場の正門は、正面に高い塔を持ち、左右に錨をデザインした柱がある勇壮な姿だった。第一会場には産業館、観光館、満州館などのほか、子どもの国や野外劇場が存在した。一方、海岸沿いの第二会場には、海軍館や航空館のほか、ラジオ電気館や水族館があった。この博覧会では、会場の風景を写したもののほかに、ポスター風の広告絵葉書も多数残されている。

国防と産業大博覧会【1935年】
博覧会PRのために製作されたポスター絵葉書。日の
丸と軍艦をデザインしたもの。

国防と産業大博覧会【1935年】
こちらも国旗と軍艦、飛行機をデザインしたもの。
年賀状として使用された。

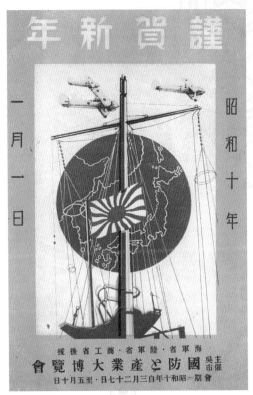

国防と産業大博覧会【1935年】
1935（昭和10）年の年賀状として、開催を告知したも
のが多い。

国防と産業大博覧会【1935年】
４枚のポスター絵葉書は、この時期に流行していた
アールデコ風のものとなっていた。

鳥瞰図「大呉軍港」【昭和戦前期】
1934（昭和9）年、国防と産業大博覧会が開催されるのに合わせて発行された呉の鳥瞰図で、作者は吉田初三郎の弟子、金子常光である。呉駅、呉市街地を中心にして。東は広方面、西は吉浦方面までが詳しく描かれ、遠く東京、大阪や門司、別府の文字もある。呉の市街地では、博覧会の会場となった二河公園（第一会場）、河（川）原石の海岸（第二会場）が強調されている。

鳥瞰図「呉市名所」図絵【昭和戦前期】
同じ年（1934年）の博覧会開催時に、金子常光が作った呉の鳥瞰図である。こちらではさらに大きく、国防と産業大博覧会の第一会場、第二会場の様子が詳しく示されている。海には海軍の軍艦がずらりと並んでいる中、海軍用地の建物などには一切説明がなく、一般には知ることができない軍事機密だったことがわかる。呉駅の東側の鉄道路線（呉〜広間）が開通するのは1935（昭和10）年3月であり、この頃は呉駅が呉線の終着駅だった

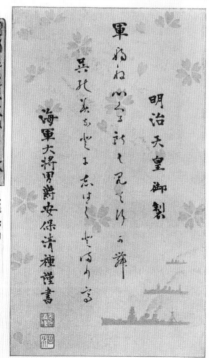

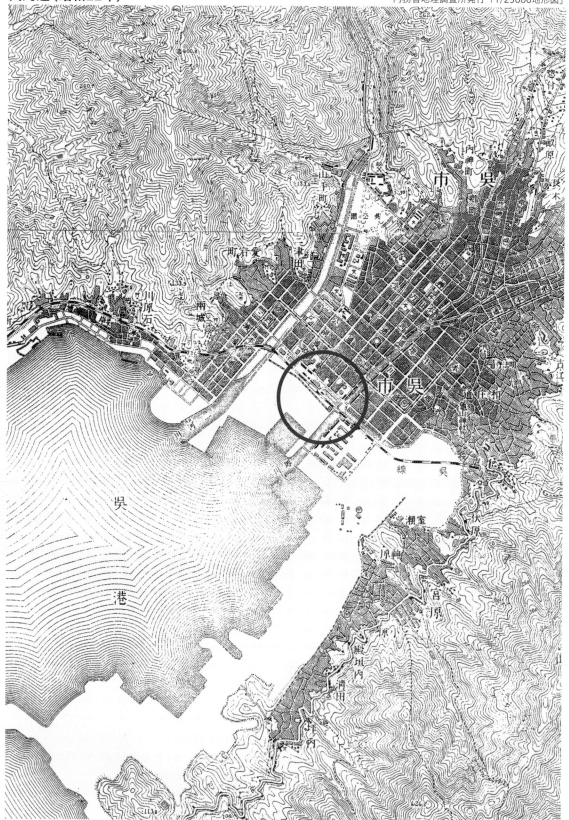

海軍施設が集中していた海岸部分が軍事機密として白く塗りつぶされている呉市の地図である。二河川と堺川という2本の河川が流れており、それに沿って呉の市街地が広がっていた。博覧会場としても使われていた二河川沿いの二河公園は、呉公園と記されている。東部の呉本通から呉駅付近を経て、西側の川原石方面に向かう市電の路線があったことがわかる。

CHAPTER 04

尾道

歴史の面影、古刹を訪ねる街

尾道が誇る名刹のひとつ、西国寺。今も観光客に人気である【昭和戦前期】

尾道駅の駅舎【昭和戦前期】
1928（昭和3）年9月竣工の2代目駅舎である。駅前には市営バス。奥の斜面には日本建築・洋館が建ち並ぶ。広告は芸備銀行（現・広島銀行）や食田商店。右奥のビルは1936（昭和11）年竣工の土堂小学校東校舎。

現在の尾道駅の駅舎

尾道駅ホーム【大正期】
初代の駅舎は瓦葺きの切妻屋根であった。1925（大正14）年には西尾道駅（写真左側）と市村（御調町）を結ぶ尾道鉄道が開通し、1933（昭和8）年に尾道駅と接続した。尾道鉄道は1964（昭和39）年7月をもって廃止となった。

04-1 尾道駅

　広島県内では、広島駅、福山駅、三原駅が在来線（山陽本線）と新幹線の駅が同じなのに対して、この尾道では尾道駅と新尾道駅に分かれている。山陽新幹線の新尾道駅は、市街地から北にあたる栗原町に置かれている。一方で、南の尾道駅は瀬戸内海の尾道水道そばに置かれており、宇高連絡船の開設前には、山陽鉄道（後に山陽本線）による尾道〜多度津間の航路（鉄道連絡船）が存在していた。

　さて、尾道駅は1891（明治24）年11月、山陽鉄道の延伸により開業し、暫定的な起終点となっていた。1892（明治25）年7月、三原（現・糸崎）駅まで延伸し、途中駅となった。1903（明治36）年には、前述の四国航路が開かれている。また、1933（昭和8）年には、尾道〜市間を結ぶ尾道鉄道が北側に乗り入れるようになった（1964年に廃止）。尾道駅の駅舎は1928（昭和3）年に改築され、現在も残る地下道が新設された。この駅舎は戦後も長く使用されていたが、2019（平成31）年3月に新駅舎が誕生した。

尾道駅前【昭和戦後期】
戦後の尾道駅。左の像は彫刻家、圓鍔（えんつば）勝三による「汀の女神」で、1954（昭和29）年に制作された。圓鍔は御調郡河内村（現・尾道市御調町）の出身である。

尾道市街【大正期】
同じく浄土寺東側からの撮影。浄土寺右側の土地がまだ開発されていない。

尾道駅前【昭和戦前期】
右に見える1932（昭和7）年創業の尾道市営バスには、バスガールが乗務していた。左のタクシーは尾道駅構内自動車組合経営の「構内タクシー」。当時、「円タク」が一般的だったが、写真では50銭均一である。

尾道市街【昭和戦後期】
浄土寺東側からの撮影。山陽本線を走る蒸気機関車が見える。

尾道港全景（一部）
【昭和戦前期】
5枚続きのパノラマ式絵葉書の中央部で、久保・十四日元町付近を望む。中央の寄棟洋館は尾道市役所で、明治後期に建設。奥のビルは渡瀬屋呉服店奥には福善寺、その右は大山寺。航行する船は尼崎商船。

尾道港全景（一部）【昭和戦前期】
5枚続きの左端で、尾崎本町辺り。手前には尾道裁判所。右端には浄土寺、その左上に筒湯尋常小学校。写真の校舎は1927（昭和2）年3月に建設。筒湯小学校は2000（平成12）年に廃校となった。

尾道港全景（一部）【昭和戦前期】
5枚続きの左から2枚目。右の防地川は現存せず。川に架かる渡良瀬橋東には1902（明治35）年創業の旅館「竹村家」。防地川左の大屋根は劇場「偕楽館」。1938（昭和13）年に燃焼した。その左は西洋料理店「更科」か。木造4階建てという大変珍しい建物だった。

尾道港全景（一部）【昭和戦前期】
5枚続きの右から2枚目。海沿いに倉庫が建ち並ぶ。右下には住吉神社。左の白いビルは藝備銀行（現・広島銀行）尾道支店。奥のL字ビルは尾道郵便局。山には、千光寺までの登山道が見える。海では向島への渡船が航行している。

尾道港全景（一部）【昭和戦前期】
5枚続きの右端。港には多くの帆船・蒸気船が停泊している。真ん中の鉄筋ビルは1923（大正12）年竣工の尾道商業会議所。奥の洋館は土堂小学校講堂。

04-2 尾道のパノラマ

　尾道の古い市街地は、北側の山と南側の海に挟まれた東西に長い形で、「坂の街」として知られている。ここには山陽道（西国街道）が通り、瀬戸内海を通る海運の拠点でもあった。中世から港町として繁栄していた尾道は、江戸時代には広島藩領となり、藩の経済を支える港町となっていた。1898（明治31）年には、広島県で2番目に市制を施行し、尾道市が成立した。その後、戦前から戦後にかけて御調郡栗原村、向東町などを編入。2006（平成18）年には、因島市、豊田郡瀬戸田町を編入した。現在の人口は、約12万9000人である。

　東西に細長い尾道の古い市街地は、横につなげるパノラマ形式の絵葉書となって残っている。手前には瀬戸内海が広がり、向島の姿もある。この尾道水道には、航行する大小の船舶の姿が見え、尾道ならではの風景となっている。また、山側には千光寺、浄土寺ほか、尾道が誇る古刹の姿も確認できる。

尾道港全景（一部）【大正期】
久保付近。下の寄棟屋根は尾道区裁判所か。左は旧防地川と
渡良瀬橋。山陽本線を挟んで、1909（明治42）年に開校した
県立尾道高等女学校（現・尾道東高校）。左には浄泉寺。奥の
山裾には、まだ畑が広がっている。

尾道港全景（一部）【大正期】
左下には尾道市役所。右には明治期の蔵が建つ。3つのうち、
左端の蔵は現存しており、1995年（平成7年）頃まで尾道発
祥の書店「啓文社」が所有していた。この付近は後に「銀行浜」
とも呼ばれ、第六十六銀行（現・広島銀行）、住友銀行、尾道
銀行が軒を連ねていた。

尾道港全景（一部）【大正期】
蒸気船はまだ少なく、浜沿いには白壁の家屋が建ち並ぶ。右
は住吉神社。その左の寄棟洋館は大阪商船営業所。左の尾道
郵便局はまだ瓦葺きで、尾道商業会議所や藝備銀行の姿はま
だない。千光寺山中腹には天寧寺三重塔、左端には宝土寺。

尾道港全景（一部）【大正期】
尾道郵便局付近（右）から吉和（奥）を望む。吉和には昭和初
期まで塩田があり、向島と共に塩田の姿が確認できる。左下
には「兼吉渡し」と呼ばれる向島の渡船乗降場が見える。

尾道市街全景【大正期】
尾道の町中が甍に埋め尽くされている。左上には小歌島（現在は埋め立てられて、向島の一部）。浜沿いには尾道市役所の姿が
ある。

現在の尾道風景

尾道港【昭和戦前期】
尾道港に木製の小船、動力船（機帆船）が所狭しと停泊している。航行する大型船は大阪商船の大井川丸。右は因島の三庄汽船所属の三庄丸。「島廻り」と呼ばれ、生口島、因島などの島々を結ぶ重要な巡航船だった。

大井川丸【大正期】
大阪商船の大井川丸は、1897（明治30）年の竣工。造船奨励法の適用により建造された。当初は中国への逓信省指定航路を航行し、後に中国地方各地結ぶ長距離連絡船として活躍した。尾道では豊田回槽店が取り扱っていた。

尾道港【大正期】
尾道の町には3階建ての木造家屋も見え、尾道の繁栄ぶりがわかる1枚。

04-3 港と商船

　尾道港は歴史の古い港であり、瀬戸内海に浮かぶ島々や四国各地と結ぶ航路の起点となっていた。こうした航路は西瀬戸自動車道などの架橋により、その多くが現在、廃止されている。尾道港から四国に向かう航路は、まず1903（明治36）年に香川・多度津との間で開設された。続いて、1911（明治44）年に愛媛・高浜（松山）との間の航路、1920（大正9）年には朝鮮・仁川との間の航路、1922（大正11）年には愛媛・今治に向かう直行便が就航している。現在は、尾道糸崎港として、尾道港区、糸崎港区、松永港区で構成される港湾となっている。

　かつての尾道港には、商船（中央）桟橋、尼崎桟橋、住友桟橋、石崎桟橋など、多数の桟橋が存在した。1884（明治17）年から尾道に寄港していた大阪商船が利用していたのが商船桟橋。住吉神社、尾道市役所付近に位置しており、現在の中央桟橋にあたる。一方、尼崎汽船部が利用した尼崎桟橋は、土堂渡し場の西側にあった。住友桟橋は、現在の三井住友銀行尾道支店の南側にあり、住友家の御用達だった。この西側にあった石崎桟橋は、四国航路の石崎汽船が使用していたもので、現在は福本渡船フェリーの乗り場となっている。また、尾道駅前にあった市営大桟橋（駅前桟橋）は、駅前再開発によって現在は尾道ポートターミナルに整備され、向島や瀬戸田港（生口島）に向かうフェリー、鞆の浦航路の瀬戸内クルージングなどが運航されている。

海岸通り【昭和戦前期】
土堂渡場付近の風景。左の定期船は尼崎汽船の天正丸。右の洋館は「向洋社」と呼ばれた尼崎汽船の取扱店・小西回槽店。
港には大量の品物が積まれ、アサヒビールの箱も見える。商港・尾道の繁栄ぶりがわかる。

中央桟橋【昭和戦前期】
この桟橋は1935（昭和10）年10月、内務省尾道港湾修理事務所によって荒神堂に架橋された。「尾道小唄」にもあるように、尾道造酢の「カクホシ酢」が特に有名であった。

現在の尾道港

尾道港内【昭和戦前期】
大阪商船の定期船が航行している尾道港内の風景。右には機動漁船の姿も見える。尾道港には瀬戸内商船・石崎汽船等の大型連絡船や因島汽船等の巡航船など、数多くの船が発着していた。

尾道港と児島丸【大正期】
児島丸は山陽汽船商社（山陽鉄道傘下、後に国有化）が所有した連絡船で、1903（明治36）年竣工。同年3月から尾道〜多度津間を航行した。1924（大正13）年、高松〜三幡間の同型船、玉藻丸とともに瀬戸内連絡急行汽船へ売却された。

尾道駅前通り
【大正期〜昭和戦前期】
駅前は市内でも有数の繁華街であったが、まだ道路は舗装されていない。中央には住友銀行尾道支店や十四日町（現・長江付近）の履物問屋澤田儀助の広告。左は濱吉旅館。

本通り【昭和戦前期】
本通りの久保1丁目付近。スズラン灯や鉄塔が見える。手前左には大阪朝日新聞取次店。隣のビルは秋元洋服店、奥のビルは市内営業税トップの渡瀬屋呉服店。秋元洋服店は現存し、現在も営業を続けている。

04-4 市街

　尾道を代表する通り（道路）といえば、駅南側から東方向に延びる2本の通りがあげられる。2本並ぶうちの北側は、本通りと呼ばれる商店街の通りで、西国街道の道筋にあたり、尾道奉行所が置かれたことから、尾道のメインストリートとなってきた。駅付近には、林芙美子が通った尾道市立土堂小学校があり、林芙美子記念像も置かれている。現在はアーケード街となって買い物客で賑わう場所である。また、海岸通りは、その名の通り尾道水道に面した道路で、観光客が楽しめるカフェ、レストラン、ショップなどが増加している。

　尾道市では1925（大正14）年、久田山町の久田山貯水池、長江浄水場が完成し、上水道の事業が開始された。絵葉書に残る扇型の長江浄水場は、現在も現役である一方、国の登録有形文化財となり、見学可能となっている。また、尾道では1913（大正2）年、第7回全国特産品展覧会が開催されている。この全国特産品博覧会は、前年（1912年）には岡山で第6回博覧会、同じ年（1913年）には福岡・小倉で第8回博覧会が開催されるなど、明治から大正にかけて全国各地で開催されていた。

尾道市街【昭和戦前期】
浄土寺付近から駅方向を望む。右下（久保町）には1924（大正13）年3月開館の映画館「太陽館」がある。向かい側には、市内一の資産家橋本家の別荘（現・爽籟軒庭園）。右奥は浄泉寺。

浄水場ろ過池【昭和戦前期】
1925（大正14）年の尾道市水道開設に合わせて建設された。右は中心角120度のろ過池、左のアールデコ風の建物は配水池の上屋である。現在も長江浄水場として現役で運行し、国登録有形文化財に指定されている。

尾道市浄水場【昭和戦前期】
尾道市浄水場、配水池背後からの光景。

濱吉旅館【大正期】
駅前にあった旅館。1901（明治34）年発行の「山陽鉄道案内」には、「天画楼事 濱吉」の名で広告を出している。

栗原尋常高等小学校【昭和戦前期】
栗原尋常高等小学校は1874（明治7）年に創立された。手前に見える奉安堂は、栗原町が尾道市に編入された1937（昭和12）年に落成。栗原町は市中心部の北部に位置し、尾道鉄道の本社があった。

第7回全国特産品博覧会【1913年】
第7回全国特産品博覧会は1913（大正2）年4月、尾道で開催された。その際に発行された記念絵葉書。

第7回全国特産品博覧会【1913年】
博覧会の会場建設に際して行われた地鎮祭の様子と関係者の肖像。

千光寺公園【昭和戦前期】
千光寺下の参道付近。今と変わらず、千光寺は桜の名所であった。参道には花見のぼんぼりが設置されている。着物などの和装や学生服、ハンチングを被る姿も見られる。

千光寺鐘楼【昭和戦前期】
1890（明治23）年の再建。「驚音桜」とも呼ばれ、時の鐘としても有名。備後地方では珍しい曼陀羅鐘で、上部のイボ108個がない。2006（平成18）年には環境庁選定「日本の音風景百選」に選ばれた。

千光寺玉の岩【大正期】
「烏帽子岩」とも呼ばれ、高さ15メートルの巨石。「玉の岩伝説」と呼ばれる伝説では、「岩の上に夜になると光を発する宝玉があった」と伝わる。現在では、その宝玉に見立てた電球が設置されている。

04-5
千光寺

　尾道を代表する寺院のひとつ真言宗系の千光寺は、尾道市街や瀬戸内海、向島などが一望できる見晴らしの良い場所として知られている。この寺がある千光寺山は、桜の名所として有名であり、1903（明治36）年以来、千光寺公園となって市民に親しまれてきた。千光寺公園には現在、山頂展望台があり、尾道市立美術館が存在するが、かつては「千光寺山グリーンランド」という遊園地があった。この遊園地は1966（昭和41）年に千光寺公園子供の国としてオープンし、2007（平成19）年まで営業していた。

　「日本百景」のひとつである千光寺山の中腹にある大宝山千光寺は、平安時代初期の806（大同元）年に創建された。境内中央には「玉の岩」と呼ばれる巨岩が存在し、その左右に本堂、鐘楼などが配置されている。千光寺山には、長江口と頂上を結ぶ千光寺山ロープーウェイがあり、絶景の眺望を満喫することができる。

千光寺公園子供の国【昭和戦後期】
現在の千光寺下の共楽園。右は「小鳥の国」と呼ばれる展示場、左は大飛行塔。元々はこの付近が主な公園だったが、後に山上に移った。

千光寺公園動物園【昭和戦後期】
旧公園にあった動物の展示場。見物客が物珍しそうに動物を見ている。左には売店。

千光寺公園頂上展望台【昭和戦前期】
千光寺の名所の一つで、尾道水道やはるか瀬戸内海の島々までも見渡すことができた。

千光寺千畳敷大岩【大正期】
石鎚山（鎖山とも）と呼ばれ、かつては修行場であった。このような、松と人がセットになった絵葉書が多く発行された。1926（大正15）年3月には鎖が設置されたが、戦時中の金属供出により中断。現在では復活し、一般客も登ることが出来る。

千光寺公園忠魂碑【大正期】
千光寺下の旧公園（現・共楽園）に建立された。戦後には撤去されて、吉田茂筆の「平和之礎」が代わって建立された。

千光寺公園日本除虫菊碑【昭和戦前期】
上山英一郎は、瀬戸内に除草菊栽培を導入した実業家。アメリカから除虫菊の種子を持ち帰り、1919（大正8）年には大日本除虫菊（現・金鳥）を創業した。これは千光寺参道に建立された上山の顕彰碑。撰文は徳富蘇峰。左は毘沙門堂。

西国寺全景【大正期】
中央の金堂は1386（至徳３）年、備後守山名氏が寄進した。奥の三重塔は1429（永享元）年、室町幕府６代将軍足利義教による建立。ともに国の重要文化財に指定されている。

西国寺参道【昭和戦前期】
西国寺参道の光景。この寺は1066（治歴２）年に大部分が焼失したが、1081（永保元）年、白河天皇の勅命により再建された。勅願所（天皇の帰衣を受けた寺院）にも指定され、多くの末寺を有した。石垣や参道の規模は、往時の繁栄を物語る。

西国寺境内【大正期】
左は持仏堂、右は本坊（住職及び僧侶の居住施設）。持仏堂は入母屋と唐破風が組み合わさった構造で、内部には大日如来坐像が安置されている。また画家の小林和作、書道家の清水比庵・上田桑鳩合作の襖が残されている。

西国寺仁王門【大正期】
1648（慶安元）年の建立で、室町時代の形式を取り入れ、門内には仁王像２体が安置されている。仁王像の健脚にあやかり、２メートル超の大藁草履が掲げられている。扁額は小松宮彰仁親王による筆。国の重要文化財。

04-6 西国寺

　千光寺の北東、愛宕山の山腹には真言宗醍醐派の大本山、西国寺がある。この寺の創建は奈良時代の天平年間（729 〜 749年）で、行基が建立したと伝わる。平安時代の1066（治歴２）年、火災に見舞われたものの、白河天皇の勅命により復興した。その後も伽藍は整備されて、山陽道の中でも随一の規模を誇る寺院となっていた。

　西国寺の三重塔は尾道の街のランドマークであり、金堂とともに国の重要文化財に指定されている。三重塔は室町時代の1429（永享元）年、金堂は1386（至徳３）年の創建である。また、江戸時代初期の1648（慶安元）年に創建された仁王門は、寺のシンボルとなっている２メートルの大わらじが吊るされていることでも知られる。

東浜、住吉神社付近【明治後期】
住吉神社は、かつて浄土寺境内にあった。尾道町奉行、平山角左衛門は1741（寛保元）年に住吉浜を築造した際、この地へ遷座した。昭和40年代までは雁木が広がっていた。

西国寺桜松【昭和戦前期】
桜の名勝として知られた、西国寺の金堂前左に存在した松。「桜松」と称されたほか、同じ音の「作楽松」とも呼ばれた。残念ながら、この松は昭和40年代までに枯死した。

現在の浄土寺

浄土寺全景【大正期】
参道から見た浄土寺。
参道には山陽本線が
通り、現在では上に高
架が設置されている。
奥の山門は南北朝時
代に再建され、屋根の
妻には足利氏の家紋
「二つ引両」があしら
われている。

浄土寺境内
【大正期～昭和戦前期】
手前から本堂・阿弥陀
堂・多宝塔を望む。い
ずれも14世紀前半の建
立で、本堂と多宝塔は
国宝に指定。多宝塔は
1935（昭和10）年に大
規模修理が行われ、2
階部分の支柱が撤去さ
れた。

04-7 浄土寺

　尾道市街地の東部、西久保町には西国寺があり、東側の東久保町には浄土寺が存在する。この寺の歴史は古く616（推古天皇24）年に聖徳太子が開いたと伝わり、1306（徳治元）年、真言律宗、叡尊の弟子、定証により再興された。その後、室町幕府を開いた足利尊氏と深く結びつき、足利家の家紋である「二つ引門」を寺紋としている。現在は、真言宗泉涌寺派の大本山となっている。

　浄土寺には、2つの国宝が残されている。そのひとつが1327（嘉暦2）年創建の本堂であり、入母屋造本瓦葺きで、中世折衷様仏堂建築の代表作となっている。翌年（1328年）に建立された多宝塔は、和様の美しい塔として観光客に人気がある。また、山門、阿弥陀堂などは国の重要文化財となっている。

浄土寺前の海岸【大正期】
浄土寺参道付近。日本家屋が所狭しと並ぶ、尾道特有の光景。多宝塔の支柱は1935（昭和10）年の大規模修理の際に外される。

浄土寺山山頂より備後灘を望む（左）【昭和戦前期】
２枚続きの左側。向島には天女浜・肥浜・富浜などの塩田が広がっていた。

浄土寺山山頂より備後灘を望む（右）【昭和戦前期】
向島ドック（日立造船向島工場）を望む。この左側には現在、尾道大橋が架かる。山には除虫菊畑が広がる。２枚続きの右側。

浄土寺前の海岸【昭和戦後期】
1951（昭和26）年の国道２号開通により、線路沿いの道路は大幅拡張される。浄土寺参道の線路は、まだ高架化されていない。

尾道市全景【大正期】
向島より浄土寺付近を望む。筒湯尋常小学校の姿はまだ無く、山の斜面の家はまだ少ない。発行元の北辰社は尾道の出版社。

浄土寺境内、鳩【昭和戦前期】
浄土寺は「鳩の寺」とも呼ばれ、江戸時代にはここで商人達が違法な伝書鳩を飼っていた。境内の唐銅灯籠は、当地出身の実業家山口玄洞による寄進（戦時供出により現存せず）。

尾道市鳥瞰図【昭和戦前期】
吉田初三郎が描いた尾道市の鳥瞰図で、尾道市街地を中心にしながら、瀬戸内海に浮かぶ生口島、大三島（愛媛県）や鞆の浦、仙酔島といった、付近の名所を隈なく盛り込んでいる。尾道市街地で目立つのは千光寺、西国寺、浄土寺といった名刹で、ほかにも神社仏閣が多いこともわかる。対岸の向島には、海水浴場とともに向島ドッグ会社が描かれている。

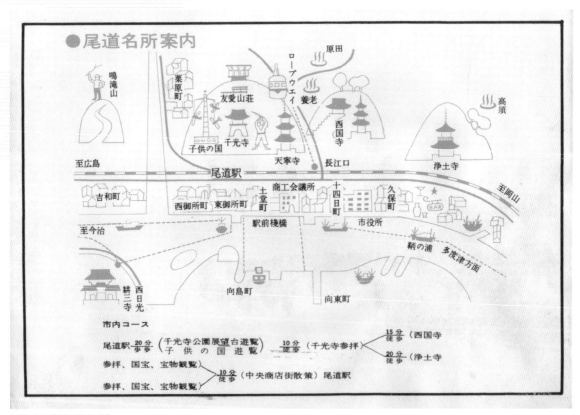

尾道名所【昭和戦後期】
千光寺、西国寺などを中心にした、尾道名所案内である。左下に見える西日光・耕三寺は尾道市の生口島にある浄土真宗の寺院で、1936（昭和11）年に創建された新しい寺院である。戦後の地図らしく、千光寺には子供の国（遊園地）があり、飛行塔が大きく描かれている。千光寺山のロープウェイの描写もなかなかおもしろい。

尾道ロープウェイ
【昭和戦後期】
千光寺山山頂と長江を結ぶ
尾道ロープウェイは、1957
（昭和32）年に開業した。写
真の赤色のゴンドラは「さ
くら」で、青色の「かもめ」
も稼働している。現在は3
代目で、ロープウェイから
は天寧寺の三重塔が間近で
見ることができる。

尾道周辺（大正14年）

帝国陸軍参謀本部陸地測量部発行「1/25000地形図」

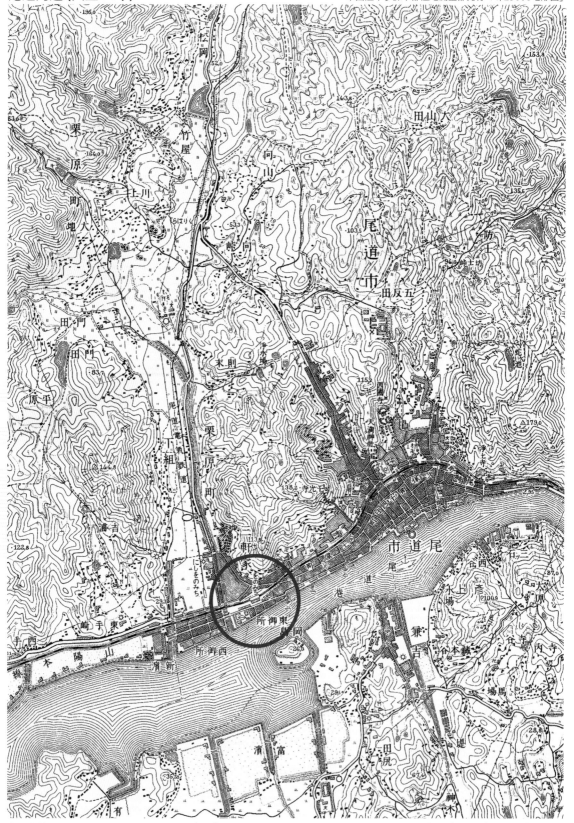

山陽本線の尾道駅の東側に尾道の市街地が広がっている。一方、西側では栗原川に沿って尾道（電気）鉄道が北に延びていた。この尾道鉄道は、大正期に尾道軽便鉄道として設立されて1925（大正14）年に開業した後、1933（昭和8）年に尾道〜市間の全線が開業した。しかし、1964（昭和39）年には廃止され、その歴史は短かった。

05

福山
城下町から港湾、工業都市へ

福山を代表する旅館、松乃家の玄関。人力車夫とともに犬の姿がユニーク【昭和戦前期】

福山城の全景、福山駅【大正期】
築切町（現・伏見町）付近からの光景。手前には山陽本線の線路と福山駅から発車する蒸気機関車。線路の奥には蔵を改装した貨物倉庫、そして福山城が映る。

05-1 福山駅

　福山市は広島県の南東に位置し、東側は岡山県笠岡市と接している。山陽鉄道が福山に駅を開いたのは1891（明治24）年9月。このとき、岡山・笠岡から延伸し、暫定的な終着駅となった。同年11月、尾道駅まで延伸したことで、中間駅となっている。その後、1913（大正2）年に鞆鉄道、1914（大正3）年に両備軽便鉄道（現・福塩線）が開通し、連絡駅となっている。両備軽便鉄道の駅は当初、両備福山駅と呼ばれていたが、1935（昭和10）年に福塩線の新線切り替えに伴い、福山駅に併合されている。なお、鞆鉄道線には、三ノ丸駅が存在した。

　福山駅が置かれたのは、福山城三ノ丸の南側で、現在も城内に隣接する形で山陽本線が通っており、駅のホームからは城内の様子をよく見ることができた。その後、山陽本線と福塩線ホームの間に、山陽新幹線の高架ホームが誕生している。

福山駅付近【大正〜昭和戦前期】
福山駅駅舎（初代）と跨線橋（横断橋）が映る。国鉄駅付近には、両備軽便鉄道（現・福塩線）の両備福山駅、鞆軽便鉄道の福山駅も存在した。鞆鉄道は1931（昭和6）年、両備鉄道は1935（昭和10）年に山陽本線の福山駅に乗り入れを行っている。

福山公園全景【大正〜昭和戦前期】
福山駅内から福山城を望む。中央に映る蔵は、倉庫業「丸名組」のもの。丸名組は鉄道貨物や運送、石油なども取り扱い、大阪、下関などに支店を有していた。右側の煙突は、福山木材会社か。

芦田川の橋梁【大正期】
写真の鉄橋は1891（明治24）年、山陽鉄道（現・山陽本線）の福山〜尾道間の開業時に架橋された。芦田川は備後地方一帯を流れる一級河川で、たびたび洪水が発生し、1919（大正8）年7月5日の洪水は、全半壊家屋約410戸、浸水家屋約5000戸、死者20余名を出す大災害となった。

福山駅前通り【昭和戦後期】
太平洋戦争下の福山空襲でこの駅前は焼け野原となったが、目下復興しつつあった。手前には福山駅の屋根が見え、左側にはニコニコ自動車、天満屋福山店、正進堂書店などが並ぶ。右側にはバスセンターがあり、写真の様に多くのボンネットバスが行き交っていた。

福山市街と駅前通り【昭和戦後期】
福山駅前の光景で、この道路は1930（昭和5）年の昭和天皇行幸に合わせ、「御幸通り」として整備された。1934（昭和9）年には福山で初めて舗装道路となった場所でもある。左手前には「春の百貨まつり」の幟を掲げた天満屋福山店が見える。

福山市街【大正期】
福山城から南東方向を望む。手前には福山駅があり、貨物ホーム、駅名表示板などが見える。右の煙筒は福島紡績福山第一工場。その奥の煙突は1910（明治43）年創業の西備緯網（現・日東製網）工場である。

福山官庁街【昭和戦後期】
天満屋付近から西側を望む。左から復興部分（「簡易保険」のポスターがかかる）、駅前バスセンター。市役所は戦後、復興部の向かい側に再建された。昭和40年頃までこの近くに福山公会堂があった。当地出身の建築家、武田五一による設計で、1926（昭和15）年竣工。福山空襲を逃れた数少ない戦前建築であった。

福山市街【大正期】
1921（大正10）年頃の天下橋（現・船町商店街入口）付近。手前には福山郵便局、右奥には芸備銀行（現・広島銀行）、左奥には福山銀行（後に中国銀行へ統合）がある。中央奥には木綿橋と入江がのぞく。

05-2 市街

　福山市は、江戸時代には譜代大名の水野家、阿部家などが支配する福山藩10万石の城下町だった。現在の人口は約45万8000人で、広島県第二の都市である。また、中国地方では広島、岡山に次ぐ第3位の人口で、福山都市圏は非県庁所在地の都市圏では5番目となっている。1916（大正5）年の市制施行以後、深安郡や沼隈郡の村々を編入し、さらに1966（昭和41）年には松永市と合併。その後も芦田町、内海町、神戸町などを編入して市域を広げていった。

　福山市の西側には、芦田川が流れている。また、この芦田川から分流した吉津川が、福山城の北から東へ流れ、入川に注いでいた。この入川は、福山城から南東に流れて瀬戸内海に注ぐ運河で、かつては福山の物流の中心だったが、明治後期以来、上流から埋め立てられていった。この入川に架かる木綿橋（新橋）、天下橋（本橋）も姿を消し、石碑が残されている。

福山市街【昭和戦前期】
鍛冶屋町（現・宝町）付近から福山城方面を望む風景で、家屋が密集している。この付近は市内最大の繁華街の一つだった。手前には南波医院があり、奥の看板が掛かる洋館は映画館「大日活」。大日活の隣には「カフヱー銀座」があり、三原市に支店（カフヱーダンシャク）を有していた。

福山市街と福山の方言【大正期】
備後地方の方言「備後弁」と共通語の訳が書かれた絵葉書。下の写真は福山城から南方向を撮影したもの。下に福山駅、左の煙突は福島紡績福山第一工場、右は福島紡績第二工場。まだ福山公会堂の姿が無く、1926（大正15）年以前と思われる。

福山博覧会の場外売店
【1917年】
福山博覧会は1917（大正6）年の4月6日から5月5日までの30日間、福山公園で開催された。写真の右側には売店があり、タバコの看板や記念絵葉書、有力企業の広告などを展示しているのがわかる。同年発刊の「福山案内」には、西町の枝廣活版所がスタンプ付き記念絵葉書を発行、販売したと記されている。

本通商店街【昭和戦後期】
本通商営会は、1948（昭和23）年に発足した商店街組織で、これは笠岡町のはぶ文具店付近から北を見たもの。まだアーケードが設置されていない（現在は撤去）。左には森井小間物屋や安田海上火災福山支部、小松洋品店などがある。大黒座は同町に存在した老舗映画館だった。

福山の繁華街【昭和戦後期】
商店街を、今町交差点より線路方向に望む。白川薬局や徳永洋品、安價堂洋品店などの幟が映る。ここには左の大島小間物店や安價堂など、明治期からの老舗が多く店を構えていた。右側に見える服地の店「ふくや」は、店名を変えながらも現存している。

福山市街【大正期】
福山城の月見櫓跡付近から市内南東部を望む。右下にまだ埋め立て前の内堀の一部が映るが、後には福山木材会社が建設される。駅の東方向には「くろがねや」と呼ばれた豪商、藤井酒造や旅館、阪田清賞館といった、多くの老舗商店や旅館が並んでいた。

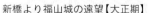

新橋（木綿橋）【大正期】
天下橋付近からの撮影。木綿橋は現在の船町に存在した橋。かつて福山城の堀と福山湾を繋ぐ入江があり、その通行路として架けられた。橋の名称は、かつて橋のそばで開かれていた木綿市に由来する。橋の右側には多くの広告があり、胡町の二輪商會や笹七薬館、福山銀行などが名を連ねる。

新橋より福山城の遠望【大正期】
まだ欄干が木製の時代の新橋から、福山城方向を望む。この橋は古くからの商店街に位置していた。左の洋館は阿部時計店、中央には福山銀行、奥には不動貯蓄銀行の屋根と伏見櫓が見える。左のかき船（かき料理店）は「かき治」「かき定」と呼ばれ、秋から冬にかけて営業していた。

現在の福山城

福山城【明治後期】
福山城天守閣は1622（元和8）年竣工で、5層6階（地下1階含む）の構造だった。5階の廻廊部分は戸板で、北方向の城壁は鉄板で覆われていた。1945（昭和20）年8月8日の福山空襲で焼失した。

福山城天守閣【明治後期〜大正期】
福山城西側から天守閣を望む。ここには明治初期まで、棄北御門と荒布櫓を結ぶ多聞櫓があった。左下に映る井戸は「黄金水」と呼ばれ、福山城内で唯一現存する井戸。現在、屋根が設置されて蓋が掛けられている。

福山城筋鉄御門【昭和戦前期】
福山城本丸の正門。福山城の数少ない現存建築である。典型的な櫓門で、建物には白亜塗りが施されている。かつて京都・伏見城から移築されたと言われていたが、現在では福山城で竣工されたものと推測されている。

福山城天守閣【明治後期】
中央の家屋付近には、かつて東上り楯御門が存在した。福山は明治維新後に払い下げられ、塀を壊して城内には多くの民家が建てられていた。右奥の田畑付近には、後に「鰹節王」と呼ばれた地元の海産物商、安倍和助の別荘（現・福寿会館。登録有形文化財）が建設される。

05-3 福山城

　徳川幕府による幕藩体制においては、中国地方（山陽道）には長州藩毛利家36万石のほか、備前・岡山には岡山藩池田家31万石、安芸・広島には広島藩浅野家42万石という外様の大藩が存在していた。その中間にあたる備後・福山には、彼らの抑えとなるため、徳川家譜代の有力大名が置かれていた。当初は徳川家康の従兄弟にあたる水野勝成を祖とする福山藩水野家10万石、その後は天領、松平家の時代をへて、阿部正邦が10万石で入封し、幕末まで阿部氏の支配下となっていた。なお、水野家の時代には、国境を越えた備中・笠岡も福山藩が治めていた（その後は天領）。

　福山藩の中心となった福山城は、江戸時代初期の1622（元和8）年に竣工した平山城で、五重の天守と7基の三重櫓を備えていた。城は北から続く丘陵の先端部（常興寺山）に置かれ、南側には芦田川のデルタ地帯が広がっていた。芦田川から分流した吉津川が城の北側の堀の役割を果たし、南側は干拓されて城下町が開かれている。

福山城の遠望【大正期】
福山駅の開業により南内堀は大きく埋め立てられ、駅前には
多くの旅館・商店が軒を連ねるようになった。大正初期を代
表する旅館に栗定、吉田、佐野半などがある。なお、栗定は
旅館業とともに商品販売も行い、アサヒビールや白牡丹を福
山でいち早く販売していた。

福山城御湯殿【昭和戦前期】
伏見櫓とともに、京都伏見城から移築されたと伝わる。
明治維新の取り壊しを乗り越え、明治初期には料亭「清
風楼」に転用されていた。郷土史研究家の村上正名は
著書の中で、木の実田楽が名物と述べている。旧国宝
にも指定される貴重な遺構だったが、空襲により焼失
し、戦後に再建された（内部は一部のみ）。

福山城の内堀【大正期】
南内堀には蓮が植えられている。伏見櫓には「館品陳列」の
看板と旗が掛かる。伏見櫓は大正中期まで、福山古物商組合
代表の彌久末彌代吉によって借用され、骨董品などの陳列場
「備後倶楽部」として利用された。このエピソードは地元出
身の作家、井伏鱒二の自伝で紹介されている。

福山城【大正期】
福山城のこの付近は現在、駅の北口広場などに変わっている。
この頃はまだ内堀が残っていたが、後に埋め立てられて姿を
消した。現在、内堀を模した池のモニュメントが設置されて
いる。

福山城伏見櫓【昭和戦前期】
伏見櫓は三層三階の隅櫓。安土桃山時代の慶長年間、京都の
伏見城で建設された後、1622（元和8）年の福山城築城の際
に移築された。1954（昭和29）年の解体修理で、「松ノ丸ノ
東やぐら」の刻印が見つかり、移築伝承が証明された。左下
の屋根は仁寿生命事務所。

福山城の伏見櫓、筋鉄御門【昭和戦後期】
戦災を免れた、伏見櫓と筋鉄御門。この2つの建物と鐘櫓は、
太平洋戦争の空襲を逃れた。中央の御堂は昭和初期頃に建て
られたものだが、1970（昭和45）年頃には取り壊されている。

福山公園の葦陽館・清風楼【明治後期～大正期】
1888（明治21）年、福山公園の利用促進を計る施設として、名代の鑑定家だった栗原定助らが発起人となって、月見櫓跡に葦陽館（清風楼）が建設された。栗原は福山保存会へ寄贈するまで、福山城の所有者だった。清風楼は御湯殿の別名である。

福山公園の葦陽館【大正期】
石垣には、この絵葉書を発行した「備後織物同業組合」の「備後縞」広告が見える。イベント開催時には、この葦陽館と清風楼が電飾（イルミネーション）されていた。1919（大正8）年の大洪水の際には、葦陽館が避難所として利用されている。

福山公園【大正期】
天守閣前の風景で、人口池は公園整備時に設置されて、周りには梅や桜が植えられた。葦陽館そばには藤棚があり、藤の名所としても知られていた。近くには休憩所があり、藤棚を見ながらお茶を飲むこともできた。

05-4 福山公園

　明治維新後、福山城は廃城となり、城のほとんどの施設は民間に払い下げられた。内堀・外堀は埋め立てられ、山陽鉄道の福山駅が開設されている。その後、駅周辺は工場や住宅地に変わっていった。一方、残された天守には1875（明治8）年、福山公園が誕生した。当初は福山町（現・福山市）、次いで広島県の管理するところとなったが、荒廃が進んだため、1896（明治29）年に再び福山町の管理となった。また、月見櫓跡には1888（明治21）年に貸席「葦陽館（清風楼）」が建設され、宴席や集会所として利用されていたが、1945（昭和20）年8月の福山大空襲により焼失した。福山城の天守は1966（昭和41）年に再建され、福山公園は現在、福山城公園と呼ばれて、桜の名所になっている。

　福山公園には1922（大正11）年、阿部正弘の銅像が建てられた。正弘は幕末の福山藩主で、幕府の老中首座を務めて安政の改革を推し進めた人物である。この像は戦時中に供出されたが、1978（昭和53）年に水野勝成像とともに新しい銅像が建立されている。また、伏見櫓、筋鉄御門は国の重要文化財となり、城跡は国の史跡となっている。

福山公園の記念碑【大正期】
海軍元帥、東郷平八郎による「兵勇奉公」と書かれた碑。碑の周囲には砲弾が配置されている。この他にも公園内には、砲弾を使った忠魂碑（征露記念碑）が建立されていた。1935（昭和10）年には日露戦争30周年記念事業として、軍艦三笠を模した国旗掲揚鉄塔が建造されるなど、戦争関係のモニュメントも存在した。

阿倍正弘銅像【昭和戦前期】
阿部正弘は幕末、黒船来航時に老中として活躍した福山藩主。この銅像は1922（大正11）年、市民有志によって建立され、台座を含めると高さ10メートルにもなる巨大な像だった。台座は福山出身の建築家、武田五一が設計、銅像は彫刻家の武石弘三郎が制作した。戦時中の金属供出により姿を消した。

中之島噴水【昭和戦前期】
福山公園にあった池で、噴水が設置されていた。女性が散歩する姿が見られるが、現在、この池は埋め立てられている。

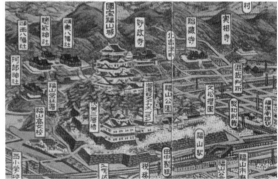

福山城【昭和戦前期】
福山のシンボルである福山城を取り囲むように、福山駅、久松桜園、区裁判所、実相寺、胎蔵寺、妙政寺、東西の八幡社（福山八幡宮）、福山営林署、福山高等女学校などが描かれている。2つの八幡社の間にある総敏神社は、福山藩の初代藩主、水野勝成を祀った神社で、享保年間（1716〜36年）に遷座している。

05-5
市街・施設

　福山城、福山駅の南東にあたる緑町には戦前、陸軍歩兵第41連隊の本部が置かれ、隣接して福山練兵場、陸軍病院も存在した。この連隊は1908（明治41）年に広島から転営してきた。戦後、この跡地には広島大学福山分校が誕生し、その後は緑町公園と商業施設に変わった。陸軍病院の跡地はJA福山市になっている。

　現在の広島県立福山葦陽高等学校は、1906（明治39）年に開校した福山町立福山女学校を起源としている。その後に町立、県立の福山高等女学校となり、戦後の1948（昭和23）年に県立葦陽高等学校となっている。また、県立福山誠之館高等学校は、幕末に藩主の阿部正弘によって創設された藩校「誠之館」がルーツである。明治維新後、廃校となった後、1879（明治12）年に広島県福山中学校（旧制）が開校。1887（明治20）年に尋常中学福山誠之館と改名し、その後も校名を改めながら、1968（昭和43）年に現在の校名となった。

　また、1916（大正5）年に市制を施行した福山市には、1930（昭和5）年に新しい市役所、議事堂が完成した。戦後の1959（昭和34）年には、市役所の新庁舎が誕生した後、1992（平成4）年に現在の地上13階、地下1階の庁舎となった。

七福呉服店【明治後期～大正期】
七福呉服店は、当時の福山としては珍しい洋風の店舗で、いつも店旗を掲げていた。写真の胡町店は「北店」と呼ばれ、笠岡町にあった支店は「南店」と呼ばれた。1908（明治41）年時点で、福山以外に呉市本通五丁目と中国・天津の日本租界にも支店を構えていた。

備後織物同業組合福山事務所【大正期】
米屋町（現・宝町）にあった備後織物同業組合の福山事務所。目の前の線路は山陽本線。この物組合は、備後縞（絣）の生産力を高めるために1901（明治34）年7月に創立。指定工場以外での硫化紺染の禁止・生産反物の検査・使用染料の検査義務化などを行い、備後地方の織物産業の発展に努めた。

福山市庁と行幸記念碑【昭和戦前期】
1930（昭和5）年4月に竣工した福山市庁舎。同年11月、深安郡岩成村（現・福山市御幸町）で行われた陸軍大演習の際、米屋町（現・宝町）から現在地に移転した。昭和天皇の行幸に合わせて、庁内には御座所が設置された。行幸記念碑もこの時建設されている。

洪水時の福山警察署、福山郵便局【1919年】
1919（大正8）年7月5日の福山大洪水時に撮影されたもので、左の洋館が福山警察署、中央に火の見櫓、右端には福山郵便局の外壁が見える。この洪水では市域の多くが浸水し、第四一連隊営舎や旧福山中学（現・福山誠之館高校）などの官公施設も浸水し、鞆鉄道の芦田川橋梁の一部が流出した。

福山女学校【明治後期～大正期】
現在の県立福山葦陽高校は、1906（明治39）年に深安郡福山町立福山女学校として創立された。移転時まで福山城の二の丸跡（現・県立歴史博物館付近）に校舎があった。校内には石垣や堀が残っている。

福山高等女学校【1940年】
1940（昭和15）年当時の福山高等女学校の校舎全景図。校内右側にある洋館は同窓会館で、1932（昭和7）年3月の落成。貴賓室や講堂などを備えた多目的施設であった。

福山警察署【明治後期～大正期】
1876（明治9）年、福山警察出張所として設置され、翌年に福山警察署に改称した。この当時は延広町（三角公園付近）にあった。洋風の建物で、門柱の吊し電灯が特徴的であった。この絵葉書を発行した島田商店は、団扇や引札も取り扱っていた福山有数の絵葉書発行元で、後に大阪に進出している。

歩兵第41連隊営門【昭和戦前期】
歩兵第41連隊は1896（明治29）年に創設され、1908（明治41）年に福山に移駐してきた。写真の営舎は野上町（現・緑町公園）付近にあり、福山衛戍病院・憲兵分屯所が併設された。写真の門柱は現在、昭和町の教会に移築されている。その他、緑町公園に石垣や将校集会所の門柱などが残されている。

福山八幡宮【大正期】
福山の総鎮守、福山八幡宮で、標識の位置から東門付近の風景か。この神社は別々の神社が安置されていることで、正門と本殿が２つずつある非常に珍しい造り。そして本殿までの鳥居や石段、随神門の位置も全て同じである。

福山八幡宮の遠望【大正期】
福山八幡宮の宮筋に建てられたが朽ち、一部の瓦が崩れている。この通りには古くからの閑静な住宅街で、空襲を免れたことで現在も良い雰囲気を保っている。発行元の高橋商店は、今町にあった絵葉書商。

（縣社山福八幡神社）

（福山の子守と友達の言葉）

それでは待つて居つて下さい
先にお出でなさんな
イキョンナ、ヘンナ
ヘーロヤ、マッキヨーヤ、サキイテ
アスビヤンボー
ナヶ゜イヤー、コトテナサイ
ヒェヒョ、シャー、先イテテナサイ
私しはそこへ　お使に行きます
お宮で色々な事をして遊びましよ
ウッキャーヶ゜ェ、ヤッキヨ、イキョーヶ゜ァ
オーエン、ナニュージェイ、イキョールン
子守さん何をしに行きますか
それでは早く行つて来なさい

福山八幡宮と福山の方言【昭和戦前期】
石段前から鳥居、随神門、本殿を望む。福山八幡宮は1928（昭和３）年、郷社から県社へ昇格した。

05-6
神社と墓所

　福山市内の神社には福山八幡宮、備後護国神社（阿部神社）、草戸稲荷神社などが存在する。このうち、草戸稲荷神社については草戸のページで紹介したい。

　福山八幡宮は、もともとは延広八幡宮と野上八幡宮という２つの神社で、福山藩の城下町が形成される中で、城下南側の東西に鎮座することになった。延広町、住吉町にあった延広八幡宮と、常興寺山、野上町にあった野上八幡宮は、４代藩主の水野勝種の時代、1683（天和３）年に現在地の北吉津川町に移転し、東の宮、西の宮と呼ばれるようになった。その後、神社は両社八幡宮と呼ばれるようになり、1969（昭和４）年に福山八幡宮と改名している。

　備後護国神社は、1813（文化10）年に藩主、阿部家の祖先を祀る神社として造営され、当初は勇鷹神社と呼ばれていた。その後、阿部神社となって、福山城の北側に鎮座していたが、1957（昭和32）年に合祀されて備後護国神社となった。阿部神社は現在、境内社として残されている。

阿部神社【昭和戦前期】
1813（文化10）年、福山藩主阿部家により造営された。戦後、備後護国神社に合併し、阿部家に関する武具など多くの品物が寄進された。城北側は空襲を逃れたため、近くの三蔵稲荷の能舞台（福山八幡宮より移築）を含め、多くの文化財が残されている。

福山八幡宮【大正期】
東方向から撮影で、まだ人家の姿が少ない。福山は江戸時代、全国で5番目に上水道が整備されており、この水路（御手洗川）は近くの蓮池から古吉津町をへて寺院や民家に給水する重要な上水道だった。現在でも写真の様に渡橋を架ける家が多く残り、かつての面影を残している。

水野勝成公御廟【大正～昭和戦前期】
水野勝成は福山藩初代藩主で、その御廟（墓所）は寺町の賢忠寺にある。この寺は1622（元和8）年、水野勝成が父忠重を弔うため建立した水野家菩提寺で、御廟を斜め横から撮影している。戦前は洋風の鉄柵が設置されていた。寺自体は福山空襲により焼失し、後に現在地に移転、再建された。

福山名物 左義長、
福山の音頭【昭和戦前期】
左義長は福山城築城を祝い、街を練り歩いたのが起源。その後、小正月に各町が競いあって飾りをつけて城下を練り歩き、最後に燃やすのが恒例となった。幾度かの中止を挟みながら続いてきたが、かつぎ左義長は昭和40年代を最後に中止された。これは1931（昭和6年）、御大典記念時に担がれた住吉町の左義長。

水野勝成公墓【昭和戦前期】
中央の大五輪が水野勝成御廟で、勝成は1651（慶安4）年に88歳の長寿で没した。境内には水野家歴代の墓、安田孫之進を始めとした殉死家臣の墓所も点在する。戦後、御廟は写真よりも奥へ移転した。

福山入江（愛宕山付近）、帆船【明治後期】
奥に荷物を入れる倉庫が見え、帆船が浮かぶ風景。埋め
立て前の福山入江（港）、愛宕山付近と思われる。手前の
石垣の上には、松の木と石灯籠が置かれている。

05-7　入江、港

　歴史上の福山港は、現在の福山港ではなく、市街地の
東側にあった運河の入江（入川、旧福山港）のことであ
る。現在の港町、入船町、松浜町あたりには入川が流れ
ており、福山藩の舟入が置かれ、多数の舟が係留されて
いた。また、福山藩の御座船は大きすぎて、この入川に
は入れず、沖合に繋留されていたといわれる。

　当初は短かった運河・入川は、その後の干拓が進む
につれて南側に延びる形になり、明治時代には約５キ
ロになっていた。その後、今度は上流から埋め立てられ、
木綿橋（新橋）や天下橋（本橋）も姿を消した。埋め立て
が行われていない部分は現在、福山港の一部に含まれ
ている。絵葉書に残る明治、大正、昭和戦前期の福山港
の風景には、さまざまな舟が係留されている入江の姿
が撮影されており、画面の奥には福山城の天守が見え
るものもある。

福山入江の夕照【明治後期〜大正期】
福山港、入江の河口付近。入江に沿って植えられた松は
「松ヶ鼻」とも呼ばれ、根元付近へ祠を祀られていたも
のもあった。奥の寺は福徳町（現・南町）の浄法寺か。

　福山港【明治後期〜大正期】
入江より木綿橋を望む。奥には阿部時計店、福山城
天守が映る。この辺りは中心部に通じる水路として
盛んに利用された。写真の様に多くの木船や帆船が
停泊していた。現在は埋められて、このあたりの入
江は姿を消している。

福山港【大正期】
福山港（入江）の風景で、中型帆船や小舟が航行し、右では作業をする人も映る。この入江は小舟で遊覧することも出来た。

福山入江の西浜【昭和戦前期】
入江の西浜、木綿橋、天下橋付近の風景で、右端から安田銀行と芸備銀行の支店が映る。また有田ドラッグや上杉ガラス店、宮本医院の広告が映る。芸備銀行の隣には後に広島農工銀行、社交場として親しまれた「カフェースター」が建てられている。

福山入江
【明治後期～大正期】
２隻の舫い船が見える福山入江の河口付近。木船と帆船が縄で繋がれている。

福山市河口の景【大正期～昭和戦前期】
新町（現・松浜町）付近の川湊の風景。多くの帆船が停泊し、両側には松の木が見える。新町には明治20年頃から「新町遊郭」があり、多くの遊郭が軒を連ねていた。

福山港【昭和戦前期】
多くの船舶が停泊する福山港の風景。時代が進んで動力船の姿も見える。

草戸明王院【明治後期】
草戸明王院を南から見た風景で、本堂や五重塔、書院、庫裡などが映る。本堂や五重塔は南北朝時代、庫裡や書院は江戸時代初期に建立された。中央の鐘楼と梵鐘は、福山藩藩主水野家による寄進。手前の屋根はかつて寺子屋として使用され、明治には大工小屋、戦後には劇場小屋など多くの目的で使用された。

草戸明王院全景【昭和戦前期】
明王院の全景で、右奥には1639（寛永16）年建立の護摩堂が見える。

草戸明王院五重塔【昭和戦前期】
1348（貞和4）年に建立された国宝の五重塔。伏鉢（相輪の下）刻銘から、多くの寄付（浄財）を元に建立された事が分かる。初層には南北朝時代造の大日如来座像が安置。内部には四方へ金剛界三七尊などが、天井には飛天や唐草文などが描かれている。来迎図は明治時代、皇室の御物となった（現在は東京国立博物館が保管）。

05-8 草戸

　福山市街地の南西部にあたる草戸地区には、芦田川の流れがあり、明王院、草戸稲荷神社という歴史の古い寺社が存在している。真言宗大覚寺派の寺院、明王院には、鎌倉時代の本堂、南北朝時代の五重塔が残されており、ともに国宝に指定されている。この寺院は、もともとは空海が創建した常福寺であり、807（大同）年に創建されている。

　草戸稲荷神社は、明王院（常福寺）を創建した空海が、寺の鎮守として祀ったとされる。古くは芦田川の中州に鎮座していたが、洪水のために流失した後、1633（寛永10）年に初代福山藩主の水野勝成が市街を一望できる現在地に再建した。

　この草戸地区には、こうした古社寺ともに、中世には「草戸千軒町」と呼ばれた都市（大規模集落）が存在していたことがわかっている。草戸千軒町は、鎌倉から室町時代にかけて、芦田川河口の港町として栄え、瀬戸内海沿岸や朝鮮、中国との交易を行っていたが、福山城建設に伴う城下町の形成、芦田川の付け替えにより衰退し、洪水にも見舞われて姿を消した。

草戸大橋【昭和戦前期】
1933（昭和8）年3月25日に完成した草戸大橋。鉄筋コンクリート製で全長366メートルを誇る。戦前は市内一の名橋として有名だったが、現在は新たな橋を建設中で、親柱は上部のみ撤去されている。

草戸稲荷神社の改築計画図【1935年】
1935（昭和10）年に計画された、草戸稲荷神社の改築計画図。草戸稲荷神社は大正初期まで数棟の祠が安置される程度だったが、幾度も改築を重ねて社殿の規模が拡大した。現在の社殿は1984（昭和59）年に竣工した。

草戸【昭和戦前期】
国宝明王院、草戸稲荷が見える草戸地区の拡大図。草戸大橋によって福山の市街地と結ばれており、この当時は鞆鉄道線に草戸稲荷、妙見、水呑駅などが置かれていた。福山水源地があった沼隈郡熊野村は、右に見える水呑村（後に町）などとともに、1956（昭和31）年に福山市に編入された。また、佐波町にあった旧福山浄水池は1925（大正14）年に開設され、現在も配水池などが残されている。

淀姫大明神と星の浦浴水場【大正期】
玉津島から平方面を望む。中央には大型汽船、右端には淀媛神社と平漁業組合の建物が映る。星の浦とは、かつてこの付近へ隕石が3つ落ちた、という伝承から生まれた地名である。鞆は航路の寄港地のひとつで、1923（大正12年）時点で、汽船6路線、渡海船」路線が運航されていた。

鞆港全景（左、其一）【明治後期～大正期】
3枚のうちの左図。医王寺・太子殿からの市街を望む。中心部の通りや鞆湾などが映る。左下には1873（明治5）年創立の鞆小学校（現・鞆の浦学園）の校舎と運動場。医王寺は826（天長3）年、空海による創建とされる、鞆で2番目に古い名刹。

鞆港全景（中、其二）【明治後期～大正期】
左には圓福寺のある大可島と仙酔島、右下には淀媛（よどひめ）神社のある明神山が映る。大可島はかつて島で、大可島城という城があり、南北朝時代の南朝方、桑原氏の居城で、足利義昭が鞆へ一時、身を寄せた（鞆幕府）際には、護衛の村上亮康が入城した。

鞆港全景（右、其三）【明治後期～大正期】
平簡易郵便局付近の全景。左には玉津島、右には津軽島が浮かぶ。玉津島はかつて「ふく島」と呼ばれていたが、福島正則によりこの名前に改名されたとの逸話が残る。島には玉津島神社が祀られ、現在では防波堤で繋がっている。

05-9 鞆の浦

　　現在は福山市の一部となっている鞆地区は、1956（昭和31）年に編入される前まで沼隈郡の鞆町だった。ここは古くから瀬戸内海の潮待ちの港として栄え、安国寺、医王寺、沼名前神社といった由緒ある神社や古刹が残されている。江戸時代には福山藩内の商都であり、1889（明治22）年の市町村制施行で鞆村、後地村が鞆町となっていた。1913（大正2）年には鞆軽便鉄道により福山市街地と結ばれた。

　　この鞆は「鞆の浦」と呼ばれる観光名所であり、伝統的な鞆の浦鯛しばり網漁法（鯛網）でも知られていた。この鯛網は380年の歴史があり、江戸時代初期までは陸地からの地引網だったが、その後、小舟で沖合に出て魚群を待ち構える方法となった。既に幕末頃には漁師による鯛網とともに、これを見学する観覧船が出ており、1923（大正12）年から本格的な観光用の鯛網が始まり、1926（大正15）年には当時、摂政だった昭和天皇も見学された。現在は毎年5月、仙酔島田の浦海岸を拠点に観光用の鯛網が行われている。

現在の鞆の浦付近

鞆酢醸造元、酒井作次郎【大正期】
楼門前に社員が並ぶ、鞆酢醸造元の風景。鞆酢は江戸時代初期、豪商大阪屋上杉氏が「花の浪」と呼ばれる鞆酢の醸造を開始した。大坂屋の影響力は凄まじく、1814(文化11)年には文人、頼山陽が鞆を訪れた際、大坂屋に滞在し、楼門を「対仙酔楼」と名付けた。現在、その楼門のみ現存する。酒井作次郎は明治後期からの大坂屋当主である。

鞆港、並ぶ和船【大正期】
鞆湾内から大可島(圓福寺)方向を望む。湾沿岸には今は無き日本建築や蔵が立ち並んでいる。この付近には江戸時代から雁木(がんぎ)と呼ばれる階段状の船着場があった。潮の干満に関係なく荷の揚げ下ろしが出来る構造で、これほど大規模に残っているのは鞆の浦のみである。

鞆港と弁天島【明治後期〜大正期】
親子連れがくつろぐ常夜灯のある風景で、鞆港の東浜にあった石灯籠と思われるが、その後に失われた。鞆港には現在、西町が寄進した1859(安政6)年の常夜灯(石灯籠)が存在し、観光名所となっている。

対山館の裏座敷、屋上露台【昭和戦前期】
対山館にあったテラスから仙酔島を望む。電灯も設置してあり、夜でも鑑賞できる設計であった。「広島県紳士名鑑」(大正6年)では、この對山館を「其建築の如き実に数奇を極め三階建にして大広間を有し幾十の客間を設け」と評している。

対山館の庭園【昭和戦前期】
対山館は村上熊太郎が開業した、鞆の一大旅館。現在の大可島付近にあった。村上はかつて漁網の製造会社を設立し、荒芋網などを発案。製造した網をロシアへ輸出するなど活発な実業家でもあった。

阿武兎岬の観音閣【昭和戦前期】
磐台寺は沼隈町能登原にある寺院で、花山天皇により992（正暦3）年に創建され、多くの有力者や福山藩主からの保護を受けた。毛利輝元により再建された際には、観音堂に金箔瓦があしらわれるなどの豪華な装飾がなされた。現在、写真の観音堂は国指定、本堂は県指定の重要文化財である。

仙酔島及弁天島【昭和戦前期】
仙酔島は鞆の象徴的な島。この地に滞在した朝鮮通信使は、対岸の福禅寺対潮楼から見た景色を「日東第一形勝（日本一の景勝）」と評した。また岩脈や海食洞窟、「仙酔層」と呼ばれる仙酔島独自の土層が天然記念物に指定されていて、地質学的にも貴重である。

弁天島【昭和戦前期】
仙酔島から対山館、弁天島を望む。弁天島は、かつて鎌倉時代の逸話から「百貫島」と呼ばれた。島にある弁天堂は、初代鞆奉行萩野重富により1644（正保元）年に建立された。また島には1271（文永8）年に建立された弁天島塔婆（九層石塔）があり、県内最古の石塔婆として県重要文化財に指定。

05-10 鞆の浦、鯛

　アニメ映画「崖の上のポニョ」の舞台となった鞆の浦一帯は、瀬戸内海国立公園の「鞆公園」として国の名勝に指定されている。沖合には鯛網の拠点となる仙酔島があり、現在は国民宿舎、キャンプ場、海水浴場などが存在している。また、この島と本土との間には、弁財天福寿堂がある弁天島が浮かんでいる。この島はもともと百貫島と呼ばれており、その由来となった武士と漁師にまつわる逸話が残されている。また、弁財天を祀る堂宇があり、現在の建物は江戸時代前期の1644（正保元）年に再建されたものである。このほか、皇后島、玉津島などがある風光明媚な場所となっている。

　仙酔島、弁天堂などを一望できる鞆の浦の東側には、真言宗大覚寺派の寺院、福禅寺があり、江戸時代には朝鮮通信使のための施設となっていた。その迎賓館である客殿は、元禄年間に（1690年頃）に建立されたもので、対潮楼と呼ばれて、国の史跡に指定されている。また、この南側には和風旅館「対山館」があったが、現在は「汀亭遠音近音」となっている。

鞆ノ津鯛網見物【昭和戦前期】
鞆の名物となっている鯛網は、鞆伝統の漁法で、正式には「鯛しばり網漁法」。1つの網元が60人ほどの船団をまとめ、明治末期には町内の平地区に13軒、原地区に5軒ほど存在した。現在、福山市無形民俗文化財に指定されている。

仙酔島沖の鯛網【昭和戦後期】
観光用の興行鯛網。鉄道の発達や航行方法の変化に伴い、鞆は港としての重要性を失っていた。そこで町の財政の支えにすべく、1923（大正12）年より興行鯛網が始まった。鞆出身の実業家、森下博による関西での宣伝広告や鞆鉄道による利便性の向上により、大成功を収めた。

鞆の鯛網見物【昭和戦前期】
鯛網は別船で観覧することができた。観覧船一艘に70人から80人が乗り、何艘もの観覧船を繋いで鯛網を観覧した。また日本酒の小樽を沖で漁師に渡すと、鯛を返礼でくれることもあった。

仙酔島沖の鯛網【昭和戦前期】
学生帽の少年やカメラを持った男性などが、鯛を物珍しそうに見つめている。なお1960（昭和35）年頃から、生業としての鯛網は行われなくなった。

沼名前神社本殿、夏祭神事御手火
【大正期〜昭和戦前期】
お手火神事は沼名前神社で行われる祭事。かつては旧暦6月4日に行われた。写真は神事で使われる手火で、肥松を青竹でくるみ、縄で締め固める。神事では火の付いた3つの手火を、氏子達が拝殿から本殿まで運ぶ。その後、神輿で町内を練り歩き無病息災を願う。

沼名前神社【大正期〜昭和戦前期】
沼名前神社の随神門から本殿を望む。沼名前神社は「延喜式」神名帳に記載のある式内社。かつては神仏習合の神、牛頭天王、スサノオを祀る鞆祇園社であり、現在地へ鎮座したのは江戸時初期とされる。境内には、伏見城から移築されたとされる能舞台（重要文化財）がある。写真の本殿は福山藩藩主水野勝貞により再建されたが、後に焼失した。

仙酔島御前山の行啓記念碑【昭和戦前期】
1926（大正15）年5月24日、摂政宮（後の昭和天皇）が中国3県御旅行の際、鞆の浦を訪問。仙酔島の御前山から鞆の港と街を視察し、田の浦の仮桟橋では鯛網鑑賞を行った。その際、御野立所が設置された御前山の山頂付近には、この行幸記念碑が建立された。

福山市街図【昭和戦前期】
「工業都市　福山市案内」の表紙裏になっている、福山全図と福山市の中心図を組み合わせたものである。中心部では、胡町遊園地、福山幼稚園、福山プール、福山市庁、福山公会堂などが、赤くいろは順に示されている。入川の下流は福山港となっており、芦田川は芦田川廃川として示されている。

鳥瞰図「工業都市　福山市案内」【昭和戦前期】
浜本憲章が描いた福山市の鳥瞰図（書簡図絵）で、1934（昭和9）年に発行されている。中心に描かれているのは国宝福山城、福山公園で、福山駅がすぐ目の前にある。特筆すべきは横に長いサイズのため、本来なら南側にある鞆港、仙酔島が大きく左にずれていること。一方、福山城の上（奥）には県北部の観光名所、帝釈峡がのぞいている。市街地では、学校や公共施設、企業（工場）の名称が示されている。

福山博覧会本館正面【1917年】
1917（大正6）年4月6日より5月5日までの30日間、福山公園で開催。写真の本館は福山駅北口そばに設置され、福山関係の品を展示した。本館前の左義長（とんど）は、三十尺（約9メートル）の左義長をかたどった噴水塔。様々な展示館があり、演芸館では福山芸妓による久松踊が披露され、活動写真も上演された。

福山練兵場、高左右式飛行機の飛行
【1914年頃】
飛行家、高左右（たかそう）隆之は佐藤章・坂本寿一らとともに、日本の民間飛行機草創期に活躍した。単独でアメリカに赴き、独学で高左右式飛行機を製作した。1914年（明治41）年帰国し、大正期にかけて日本各地でデモンストレーションを行った。写真は福山練兵場で行われた高左右式複葉機の公開飛行。

福山周辺（大正14年）

帝国陸軍参謀本部陸地測量部発行「1/25000地形図」

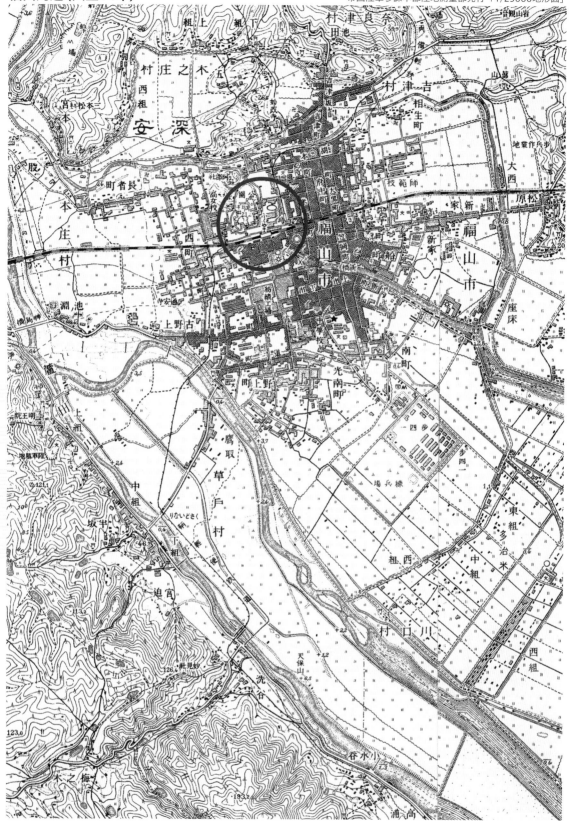

山陽本線、鞆軽便鉄道、両備軽便鉄道が走っていた頃の福山市周辺の地図で、福山の市街地は、沼隈郡の草戸村、深安郡の川口村、本荘村、吉津村、木之庄村という周囲の村々に囲まれる形だった。これらの村は1933（昭和8）年に福山市に編入されている。両備軽便鉄道（後の両備鉄道）は、現在のJR福塩線になるが、福山側の路線は現在と大きく異なっていた。

CHAPTER 06
瀬戸内の街と島々
山陽道にあった街と島

日本の造船業を支えてきた大阪鉄工所因島造船所の盛観【昭和戦前期】

東町全景【大正期】
市街地東側の東町付近で、中央付近に山陽道、左手に山陽本線が見える。右下には専福寺、左下の煙突は「酔心」醸造元の山根本店。右奥には三原城天守台跡と県立三原女子師範学校（現・広島大学附属三原中学校）が見える。上は日本ラミー紡績三原工場。

06-1 三原

　山陽本線と呉線の分岐点であり、山陽新幹線との接続駅でもある三原駅。駅の所在地は三原市城町1丁目で、この街はかつて城下町であったことを示している。三原城を築いたのは、毛利氏の一族、小早川隆景で、隆景はこの城で没している。江戸時代には、広島藩の支城として残り、明治維新後に建築物などは移築、処分された。その後、山陽鉄道がここに駅を置いたのである。

　江戸時代の三原は、城下町であるとともに山陽道（西国街道）の宿場町でもあった。山陽鉄道の三原駅は、1894（明治27）年6月に開業。この駅は二代目の三原駅で、初代の三原駅は現在の糸崎駅である。御調郡三原町は1936（昭和11）年に糸崎町などと合併して三原市が成立。その後も市域を広げてきた。現在の人口は約8万9000人である。三原は旧備後国と旧安芸国の境界に位置し、備後国にあった市街中心部に加えて、1936年に旧安芸国の豊田郡田野浦村などを合併したため、旧2国にまたがる形になっている。

三原港【大正期】
三原駅の南側にあった三原（内）港で、まだ木造帆船の姿が多い。近隣の島々との間の航路があった。奥中央は桶本木材店。

三原港から糸崎港を見る【大正期】
現在は同じ三原市内にある2つの港で、住吉神社からの撮影か。この付近は後に埋め立てられる。奥は糸崎神社参道で、現在とは異なり神木の姿が見える。

日本ラミー紡織三原工場【昭和戦前期】
1918（大正7）年に設立された日本ラミー紡績の三原工場。その後、東洋麻絲紡績（現・トスコ）の三原工場となった。

三原女子師範学校【明治後期～大正期】
1909（明治42）年に創立された三原女子師範学校。2年後には附属小学校、1913（大正2）年には附属幼稚園が設置された。現在は広島大学附属三原中学校がある。

八幡神社【大正期】
西町近くにある三原八幡宮。戦国時代から江戸時代にかけて、小早川隆景や浅野氏など多くの権力者から寄進を受けた。手前は随神門、奥は出雲大社を真似た造りの本殿。

三原煙草専売所【明治後期】
広島県東部はたばこの産地として有名で、「三原葉」と呼ばれて出荷されていた。三原駅前にあった三原煙草専売所は1898（明治31）年、二等専売所として開所し、後に尾道専売局三原出張所となった。

西宮公園【大正期～昭和戦前期】
三原駅の西、三原八幡宮境内にある西宮公園。桜の名所としても有名で、緑豊かな場所である。

糸崎駅【昭和戦前期】
糸崎駅は1892（明治25）年に開業した後、糸崎機関区が置かれており、巨大な整備工場を有する鉄道輸送の要であった。また、糸崎は1900（明治33）年、開港場に指定され、港としても栄えていた。

糸崎港【大正期】
松浜（現・糸崎七丁目）付近の波止場。かつては旧家が建ち並ぶ港町であった。

糸崎港
【昭和戦前期】
波止場の先端を望む。松の見える場所には、住吉神社が鎮座している。奥には糸崎港に入港する大型船が見える。

糸崎港【昭和戦後期】
戦後の糸崎港であり、貨物を上げるタワークレーンがある。こちらは、糸崎駅の開業により開かれた新港で、もともとの糸崎港とは異なる。

06-2 糸崎

　1892（明治25）年に山陽鉄道の初代三原駅として開業した糸崎駅は戦前、戦後を通じて山陽本線の糸崎機関区が置かれ、本線と呉線の重要な拠点だった。また、糸崎港は特別輸出港に指定され、海陸の交通の要地となっていた。かつては御調郡糸崎町があったが、現在は三原市の一部となっている。

　糸碕神社（糸崎八幡宮）は、729（天平元）年の創建と伝わる、広島県内で最も古い神社である。小早川氏、毛利氏、浅野氏の崇敬が篤く、現在の本殿は1759（宝暦9）年に建立されている。神社が鎮座する地は長井の浦と呼ばれ、万葉集にも詠まれた名所で、境内の御調井（貢井）は神功皇后ゆかりの井戸として有名である。また、境内のクスノキは樹齢500年を超す大木である。

スタンダード石油会社
【大正期】
1907（明治40）年、アメリカのスタンダード石油会社が糸崎油槽所を開設した。

糸崎港全景【大正期】
左手前の大きな屋根は糸崎尋常高等小学校か。左奥に見える洋館は、糸崎税関庁舎。右奥の小島は宿禰島で、新藤兼人監督の映画「裸の島」の舞台となった。

糸崎市街全景【昭和戦前期】
鉄道の街、港町として繁栄した糸崎、甍が所狭しと並んでいる。

糸崎海水浴場【昭和戦前期】
糸碕神社前の海岸。中央の入母屋小屋は船乗り場だろうか。奥の洋館は現存している。

糸崎東海岸【大正期】
真ん中奥に見えるのは糸崎税関庁舎。右の洋館は倉庫会社の所有の建物か。

糸碕神社（八幡宮）【大正期〜昭和戦前期】
小早川家など、有力者の崇敬を集めた神社。神門はもともと三原城の侍屋敷門で1875（明治8）年に移築された。現在は市指定文化財。手前は現在埋め立てられ、国道が通っている。

神宮皇后御調井【昭和戦前期】
神功皇后が西征した帰途に寄港して、水を献じたと伝わる地。その伝説にちなんだ調井（井戸）。

竹原町全景【昭和戦前期】
照蓮寺から南を望む。竹原は酒造会社が多く存在したため、煙突が多く映る。国旗が掲揚された洋館は町立竹原書院図書館で、
1929（昭和4）年に建設された。右端の蔵は藤井酒造。

現在の竹原港

竹原内港【大正期】
多くの和船が碇泊している竹原内港。現在は、
竹原北崎旅客ターミナルから大崎上島の垂水
港、白水港へ向かうフェリーが出ている。左に
は仁丹の広告が映る。

06-3 竹原市街

　江戸時代から、塩田と酒造の街として栄えた竹原。ニッカウヰスキーの創業者、竹鶴政孝の生家、竹鶴酒造
は1733（享保18）年から約290年続く造り酒屋で、NHK朝の連続テレビ小説「マッサン」のモデル、ロケ地となっ
た。また、戦後高度成長期の総理大臣、池田勇人の生誕地でもある。

　1889（明治22）年、下市村が町制を施行して豊田郡竹原町が誕生。その後、町域を広げた後、1958（昭和33）
年に竹原町、忠海町が合併して竹原市が成立した。古い街並みが残っており、安芸の小京都とも呼ばれている。
現在の人口は約2万3000人である。

的場花壇【大正期】
的場花壇は1907（明治
40）年に誕生した旅館、
海水浴場、娯楽場、運動
場などからなる施設だっ
た。現在は海水浴場と公
園が設置されている。

的場花壇【大正期】
花壇の名の通り、園内には
さまざまな花木があったこ
とがわかる。奥の煙突から
は煙が出ている。

的場花壇【大正期】
園内を南方向に望む。的場花壇があった場所は現在、的場海
水浴場となっている。

明神港【大正期】
竹原港の南西にあたる明神港あたりの風景か。

普明閣【明治後期〜大正期】
西方寺は竹原中心部に位置する浄土宗寺院。本尊の木造十一面観音立像は県重要文化財。左は鐘楼。鐘楼の右から続く石段の上に、眺望の良さで知られる普明閣がある。

普明閣【明治後期〜大正期】
普明閣は1758（宝暦8）年の建設。もともと本尊を祀っていた建物を再建したもので、竹原の町を一望できる。清水寺の舞台のミニ版ともいわれ、手前の石灯籠や松の木の大きさと比較できる1枚。

郷賢祠【昭和戦前期】
竹原の賢人を祀った祠で、郡代官である頼杏坪が1827（文政10）年に建立し、後に創始者である頼自身も追祀された。現在は市史跡。

06-4 竹原名所

　瀬戸内沿いを走る呉線の主要駅のひとつである竹原駅は、1932（昭和7）年7月の開業である。当初は三呉線の終着駅で、1935（昭和10）年2月に三津内海（現・安浦）駅まで延伸し、途中駅となった。竹原駅の北には「道の駅たけはら」が存在している。このあたりは竹原市本町で、古い竹原の中心地であり、町並み保存地区となっている。戦前から残る旧竹原書院図書館は現在、竹原市歴史民俗資料館となっており、竹鶴酒造の本社も本町3丁目に置かれている。

　竹原駅の南側には竹原港があり、その先には的場公園、的場海水浴場が存在する。ここには戦前、的場花壇という大きな旅館もあった。一方、駅の北東には礒宮八幡神社が鎮座しており、さらに北には西方寺、普明閣という名所が存在する。1758（宝暦8）年に建てられた普明閣は、京都の清水寺を模した建造物で、ここから竹原の街を一望できる。

礎之宮【大正期】
田ノ浦丁目に鎮座する、礎宮八幡神社。1194（建久5）年、宇佐より勧請したと伝わる。

千引岩【大正期】
もともとは千引岩であり、「忠孝」の文字が刻まれたことで、忠孝岩と呼ばれるようになった。

礎之宮忠孝岩【大正期】
礎宮八幡神社の神官、唐崎常陸介が宋の文天祥の書を模して、「忠孝」と刻銘した。尊皇思想を示したとも伝わる。県史跡。

竹原ブドウ園【昭和戦前期】
竹原では、ブドウの生産が明治初期より始まった。1940（昭和15）年には壽屋（現・サントリー）のワイン工場が稼働し、生産も盛んになった。

忠海全景【昭和戦前期】
忠海市街を西から望む。現在、入江の一部は埋め立てられている。川に架かる橋は興亜橋、そばに右から警察署と町役場。
右端は豊田郡立（後に県立）忠海高等女学校で、1948（昭和23）年に廃止された。

06-5　忠海

　三原と竹原の中間にあり、現在は竹原市の一部となっている忠海。かつては「乃美の海」と呼ばれていたが、瀬戸内海の海賊を平定した平忠盛により、忠海と名付けられた。明治以来、豊田郡忠海町であったが、1958（昭和33）年に竹原町と合併して、竹原市が成立している。ここを走る呉線には忠海駅が置かれており、忠海港からは大久野島、大三島を結ぶ航路が開かれている。

　忠海駅の西側にある県立忠海高等学校は、1897（明治30）年に開校した豊田尋常中学校がルーツであり、その後、広島県第四中学校、県立忠海中学校となっていた。また、1903（明治36）年に開校した豊田郡立女子技芸学校は、広島県立忠海高等女学校になった後、1949（昭和24）年の公立学校再編により、広島県（立）忠海高等学校となった。池田勇人元首相は、旧制忠海中学校時代の卒業生である。

忠海中学校前庭【大正期】
現在の広島県立忠海高校。1897（明治30）年に開校した。写真の校舎は1902（明治35）年の竣工。

忠海中学校寄宿舎【大正期】
戦前は中学校（旧制）の数が少なく、遠地からの生徒はこうした寄宿舎で生活した。

大正公園より港湾を望む【大正期〜昭和戦前期】
大正公園は1913（大正２）年、城山に設置された。右下には材木工場がある。

黒滝山から見た忠海市街【大正期〜昭和戦前期】
塩田が広がる忠海市街。茅葺きの家屋もみられる。黒龍山は
忠海駅の北に位置し、標高270メートルの独立峰。

忠海港口【大正期〜昭和戦前期】
松の木越しに忠海港を望む。港口あたりには、既に工場が建
ち並んでいた。

忠海西海岸【大正期〜昭和戦前期】
瀬戸内海の長閑な海浜の風景、床浦付
近か。

床浦神社鳥居【大正期〜昭和戦前期】
床浦神社の大鳥居は現存するが、現在は
整備・舗装された海岸線に建っている。
近くには沼田小早川氏が砦とした賀儀
城跡が存在する。

臨濤館【昭和戦前期】
藤棚の下に女性がいる臨濤館で、旅館、
割烹として営業していた。陸軍省・鉄
道省の指定旅館でもあった。

土生町桟橋【大正期〜昭和戦前期】
因島南西部の長崎桟橋の風景か。賓客が来島したのか、群衆が見える。桟橋の手前には洋館が建つ。

06-6 因島、港と造船所

　2006（平成18）年に尾道市に編入されるまでは、因島市が存在していた。この中心となっていたのが因島で、北側には向島が存在し、因島大橋、尾道大橋・新尾道大橋を通して本州（尾道方面）と結ばれている。

　この因島には中世、三津荘、中荘、重井荘という3つの荘園が存在し、後には浄土寺、東寺の荘園となっていた。やがて、因島村上氏の水軍の支配地になり、江戸時代には広島藩領となって、塩田が開発された。明治維新後は、御調郡に大浜村、重井村、土生村などが置かれ、1953（昭和28）年に因島市が成立している。産業としては、和船の建造から発展した造船業が盛んで、大阪鉄工所（後の日立造船）がこの島に造船所を設けた。また、かつては除虫菊の栽培が盛んで、柑橘類の栽培は現在も行われている。

土生町塩浜本通り【大正期〜昭和戦前期】
塩浜には村井造船所があり、このように洋館が並ぶ姿もあった。通りには村上医院や東京堂百貨店などが軒を連ねる。右奥は帝国座か。

因島病院【大正期〜昭和戦前期】
因島工場附属の病院として設立された。初代院長は井上勝造で、総坪数900坪を誇った。写真は1918（大正7）年の改築後の洋館で、657坪あった。

因島鉄工所の進水式【大正期】
船舶の進水式の風景。関係者の中には、洋服だけでなく、法被を着た男性や赤子を抱えた母親なども見える。

因島鉄工所の桜丸【大正期】
義勇船、桜丸がドック入りしている風景。義勇艦とは平時は商船として活動し、戦時には軍艦として使用できる商船。この桜丸は1908（明治41）年、長崎造船所で建造された、日本で最初の義勇艦だった。

現在の因島港

因島鉄工所の明玄丸進水式
【大正期】
新しい船舶の誕生を祝う進水式の様子。明玄丸は日米汽船の貨物船として、1918（大正7）年に建造された。

因島鉄工所の旧船台【大正期】
「因島案内」（大正8年）によると、大阪鉄工所因島工場には、造船台は6台あり、その内1〜3号は1万トンの船舶を建造することができた。写真は5千トン用の4〜6号か。

因島鉄工所の新船台【大正期】
手前は第1号船台か。左の操縦屋付きタワークレーンは高さ百二十尺（約36メートル）あり、6トンまで吊り上げることが出来た。

生名観音より大阪鉄工所を望む【大正期】
生名島の最高峰、立石山から見た、大阪鉄工所因島工場の全景。

06-7 因島、名所

　現在はしまなみ海道によって、本州や向島、生口島などと結ばれているが、かつてはさまざまな航路が島の交通を支えていた。現在も残る航路が出ているのは、南部の土生港で、三原港や今治港などへ向かう高速船やフェリーがあり、広島、尾道、福山へ向かう路線バスもここから発着している。日立造船因島工場は、この因島土生町に存在する。

　因島の名所は、五百羅漢のある白滝山である。標高226メートルの白滝山は、修験者の修行の地であり、1569（永禄12）年に因島村上水軍6代当主、村上新蔵人吉充が観音堂を建立した。その後、重井の豪商、柏原伝六が五百羅漢の石像を建てたことで有名になり、現在も仁王門から山頂まで約700体の石像が並ぶ観光名所となっている。この白滝山の麓には、因島フラワーセンターが置かれている。

城山倶楽部【大正期～昭和戦前期】
大阪鉄工所因島工場の迎賓館として建設され、目の前には工場事務所があった。倶楽部の運営を行っていた麻生イトは、工場下請けの麻生組を組織し、鉄工所の指定旅館「麻生旅館」を営んでいた。

進水式後の餅まき【大正期】
進水式時の祝賀風景。船台の上で餅まきが行われている。後ろには工場棟や社宅が見える。

白瀧山仁王門【大正期】
白瀧山は標高227メートルで、1596（永禄12）年に村上水軍家が観音堂を建立したと伝わる。1868（明治元）年の神仏分離令を経て、観音堂は麓の善興寺奥院となる。写真の仁王門は分離令の際に中腹へ移転し、1909（明治42）年に再建された。

白瀧山石仏【大正期】
白瀧山の山頂に鎮座する釈迦三尊像、石仏。仁王門から山頂まで並ぶ約700体の石像は、因島の豪商・柏原伝六が発願し、約3年を掛けて1830（文政13）年に建立した。五百羅漢と称されている。

白瀧山の山頂【大正期】
山頂に置かれていた石造物。「日本大小神祇」の文字が見える。

海軍兵学校の全景【大正期〜昭和戦前期】
江田島に海軍兵学校が移転してきたのは、1888（明治21）年のこと。それ以来、「江田島」は海軍兵学校の別称となった。

海軍兵学校の波止場【昭和戦前期】
段々畑を背景に並んだ海軍兵学校の庁舎と波止場。江田島では、みかんの栽培が盛んだった。

海軍兵学校の特別官舎【昭和戦前期】
海軍兵学校の校内には、教授や教官など職員用の官舎も点在していた。

06-8 江田島

　江田島といえば、戦前には海軍兵学校を指すほど、その存在は大きかった。もともと、海軍士官を養成するこの学校は、東京・築地に置かれていたが、1888（明治21）年に呉鎮守府に近い江田島に移転してきた。教育期間は当初3年、途中から4年になったが、太平洋戦争が始まる頃には2年4か月と短縮された。また、生徒の数は1学年300人だったが、1939（昭和14）年から600人、1941年（昭和16）年から900人と増加し、次第に大所帯となっていった。1945（昭和20）年の終戦で廃校となったが、兵学校跡は海上自衛隊の第1術科学校などに受け継がれている。

　現在、江田島には江田島市があり、人口は約2万1000人である。2004（平成16）年に安芸郡の江田島町、佐伯郡の能美町、大柿町などが合併して誕生した。海軍で歌われた「江田島健児の歌」に登場する能美島は、東野美島、西野美島があり、江田島とは地続きで、Y字形を成している。また、同じく歌の中に登場する古鷹山は、標高394メートルの山で、兵学校の生徒が登山したことでも知られる、江田島のシンボル的存在である。

現在の音戸瀬戸

音戸の瀬戸【昭和戦前期】
本州と倉橋島との間の海峡は、音戸の瀬戸と呼ばれる。かつては「穏渡（おんど）」と呼ばれ、干潮時には歩いて渡ることができたという。

清盛塚と双見岬
【昭和戦前期】
現在は音戸大橋が架かる倉橋島側にある清盛塚。平清盛が開いたという伝説による。

音戸の瀬戸【昭和戦前期】
清盛塚の横に見ながら、音戸の瀬戸を通過する船舶。

音戸港湾全景【昭和戦前期】
現在は呉市音戸町になっている、倉橋島の音戸港湾の俯瞰全景。

乗船桟橋【昭和戦前期】
似島にあった陸軍検疫所を出る兵
隊たち。無事に帰国後の検疫を終
えて島を離れる。

桟橋【大正期】
この似島検疫所は、日清戦争時の
1895（明治28）年、臨時陸軍検疫部
事務局長を務めていた後藤新平によ
り、2か月の突貫工事で整備された。

06-9 似島、検疫所

　広島港（宇品）と江田島の間、広島湾に浮かぶのが似島（似ノ島、にのしま）である。似島の名称は、江戸時代には荷継ぎの港として栄えたことから「荷の島」と呼ばれ、やがて安芸小富士という山があることから、富士山に似た山のある似島が定着した。1929（昭和4）年に広島市に編入されるまでは、安芸郡仁保（島）村だった。島の東西に2つの桟橋が存在し、広島港との間に定期航路が運航されている。島の産業は牡蠣の養殖とともに、海水浴、潮干狩り、ミカン狩りなどの観光業がある。

　この島には、日清戦争時の1895（明治28）年から1945（昭和20）年の太平洋戦争終戦前まで、陸軍似島検疫所が置かれており、日露戦争、第一次世界大戦時には捕虜収容所も存在した。第一次大戦時、ここにおいたドイツ人捕虜、カール・ユーハイムが焼いた菓子がバウムクーヘンで、ここが発祥の地となっている。

消毒機械場【大正期】
消毒機械場の前に並ぶ人々。ここで働いていた職員の家族か。

銃日光消毒【大正期】
兵隊たちばかりでなく、戦地から戻ってきた銃や兵器も消毒
されていた。

貴重品受渡所【昭和戦前期】
返還された所持品を確認する兵隊たち。頬被りした女性らも
見守っている。

手拭分配所【昭和戦前期】
入浴する前、白衣に着替えて手拭を受け取る兵隊たち。

浴後休憩【大正期】
入浴を終えて、縞模様の浴衣に着替えた男たち。安堵したような表情がのぞく。

木江港【昭和戦前期】
大崎上島の木江港を、木ノ江ホテルの楼上から望む。木ノ江ホテルは1918（大正7）年、幾田新一郎が創業。旅館と料理を兼業していた。

06-10 その他の島

木江港の天満鼻【昭和戦前期】
木江は戦後まで停泊港として栄え、写真のように多くの船が滞在する風景が見られた。

現在の木江港。瀬戸内海に浮かぶ大崎上島の東に位置している。

木ノ江町役場【昭和戦前期】
木ノ江町時代の町役場で、アーチ型のモダンな白い建物だった。現在は新庁舎に建て替えられている。右は厳島神社。

岩白工場【昭和戦前期】
木江港から少し離れた場所では、造船会社や石油会社の工場が位置していた。

倉橋島【大正期～昭和戦前期】
倉橋島の海岸風景。海越地区の風景か。

横島全景【大正期】
横島は倉橋島の南に位置する無人島。戦後、約
40世帯が入植したものの、再び無人島となった。

水産試験場大長分場【昭和戦前期】
特産品の「大長みかん」で知られる、大崎下島の豊田郡大長
村（現・呉市豊町大長）には1925（大正14）年、広島県立農事
試験場大長分場が設置された。これは水産試験場の風景。

かつては多くの島々が属していた広島県豊田郡
だが、現在は大崎上島町だけになっている。この大
崎上島町は、2003（平成15）年に大崎町、東野町、
木江町が合併して成立している。大崎上島町のあ
る大崎上島は、竹原市の南側に大三島と隣り合う形
で浮かんでいる。島の東部には木江（天満）港があ
り、ここから竹原港、今治港への航路が開かれてい
る。このあたりは1920（大正9）年に成立した木ノ
江町があり、1943（昭和18）年に木江町に改称した
後、2003（平成15）年に大崎上島町の一部になった。

呉市の南にある倉橋島には、安芸郡の倉橋町、音
戸町が存在したが、ともに2005（平成17）年に呉市
に編入された。この島には、1992（平成4）年に開
館した長門の造船歴史館が存在しており、飛鳥時
代に百済の船大工が渡来して以来、造船が盛んだっ
たことを物語っている。倉橋島は広島県最南端の
島であり、瀬戸内海航路の要の位置を占めていた。
また、この島は花崗岩の産地で、その石材は国会議
事堂などで使われている。

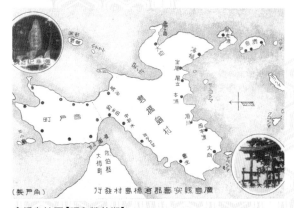

倉橋島地図【昭和戦前期】
西側から見た、戦前の倉橋島村時代の地図。下に見える佐伯
郡大柿町は、現在の江田島市大柿町。

鳥瞰図「竹原町」【昭和戦前期】
金子常光が描く竹原町の鳥瞰図（書簡図絵）。左手が山（西條）側、右手が海（瀬戸内）側となっている。その中心部分にあるのは三呉（現・呉）線の竹原駅で、1932（昭和7）年7月に開業したばかりだった。この当時の竹原駅の周囲には、塩田が広がっていたことがわかる。沖合には大崎島があり、木之江港と鮴（めばる）崎港が見える。さらに大三島、今治、松山という愛媛県の地名も記されている。

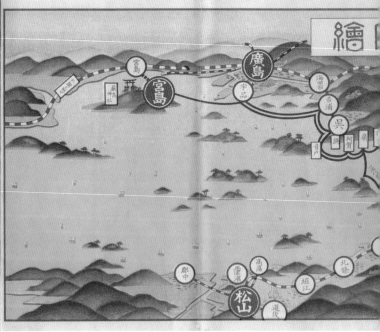

瀬戸内商船航路図絵【昭和戦前期】
本州の岡山、広島各地と、四国の香川、愛媛各地を結ぶ瀬戸内海航路の絵図。広島県内では東から鞆、尾道、糸崎、呉、宇品、宮島などが主な港になっている。一方、四国側は高松、多度津、今治の3港が窓口となっていた。名所（観光地）などの記載はほとんどなく、シンプルな絵図となっている中、宮島には厳島神社、尾道には高須公園が描かれている。

三原、糸崎周辺（昭和7年）

帝国陸軍参謀本部陸地測量部発行「1/25000地形図」

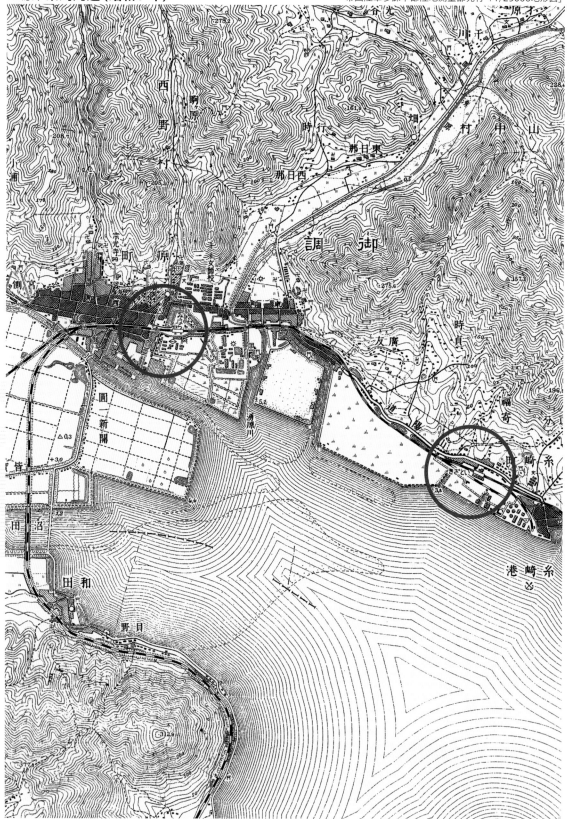

山陽本線と呉線が分かれる三原駅が地図の中央やや左に見え、右には糸崎駅が置かれている。この糸崎駅が初代の三原駅であることは広く知られている。三原駅の南側には、圓（円）一新開という干拓地が広がっていた。この地域では、山陽道（現・国道185号）と山陽本線が海岸線を走っていたが、南側に新開地が開かれていったことがわかる。

CHAPTER 07

県北部 ほか
中国山地に抱かれた街と名所

鵜（三名物）

三次の夏を彩る鵜飼の姿。観光客の姿もリアルである【昭和戦前期】

三次全景【大正期】
三次盆地にあって、川湊のある交通の要所として栄えた三次の街。豊かな水に恵まれた分、霧の多い場所でもあった。

07-1 三次市街

　広島県北部の三次市は、中国地方の中央に位置しており、この三次盆地で江の川の支流が合流することになる。市内を流れる馬洗川に架かる巴橋は、三次のシンボルともいえる存在で、三次名所の絵葉書に必ず登場する場所である。巴橋はこのあたり馬洗川、可愛川、西城川という3本の川が合流する姿から名付けられており、馬洗川はこの橋の上流で西城川と合流した後、下流で可愛川と合流して江の川となって、島根県江津市内で日本海に注ぐこととなる。江戸時代には、広島藩の支藩である三次藩が存在した。

　現在のような三次市となる前には、三次盆地の北側の三次町と、南側の十日市町に分かれていた。三次町はかつて五日市と呼ばれる城下町であり、南側の十日市町は古い商業の町で、2つの町が双子都市圏を形成していた。巴橋は2つの町を結ぶ重要な橋で、当初は渡し舟だったが、江戸末期に架橋された。これは岩神橋と呼ばれた仮設の橋で、1888（明治21）年に本格的な木橋となった。1938（昭和13）年にコンクリート造りの橋となり、1983（昭和58）年に現在のアーチ橋となった。

三次全景【昭和戦前期】
山陰と山陽を結ぶ場所だった三次の街。1954（昭和29）年に双三郡の三次町、十日市町などが合併して、三次市が成立した。

旭町の夜桜【昭和戦前期】
三次随一の商店街だった表通りの裏にあった旭町。もともとは堤防で、桜並木のある美しい通りだった。

現在の巴橋

巴橋から弁天社を望む【明治後期】
三次市のシンボルとなってきた巴橋。馬洗川、江の川、西城川という 3 本の川が交わる様子から、巴峡と呼ばれる場所にあり、巴橋の名が付いた。

巴橋【大正期】
明治時代に巴橋の名が定着し、1888（明治21）年に架け替えられた後、1938（昭和13）年にコンクリート橋に変わった。

弁天社【明治後期】
巴橋のたもとにあった弁天社。現在は十日市中 4 丁目に移転し、厳島神社となっている。

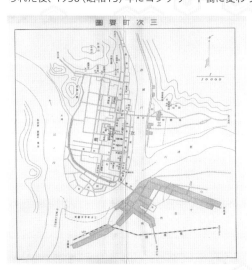

三次市街図【昭和戦前期】
「備後三次町鳥瞰図」の表紙裏面に付けられている三次市街地の地図である。役場や銀行、三次劇場などがある三次町中心部とは、馬洗川を隔てて存在した、十日市町側に置かれている芸備線の三次駅（初代）は現在、西三次駅に変わっている。1930（昭和 5）年 1 月、1.6キロ離れた東側に十日町駅が開業し、その後に備後十日町駅と改称した後、1954（昭和29）年12月に三次駅（二代目）となっている。

三次貯蓄銀行【大正期】
1897（明治30）年に設立された三次貯蓄銀行。広島銀行の前身、（旧）芸備銀行の設立に参加して解散した。

三次の鵜飼【昭和戦前期】
三次の夏の風物詩となっている鵜飼。毛利氏に敗れた尼子氏の落武者が始めたともいわれる。

三次の鵜飼【昭和戦前期】
かつては漁労としての鵜飼が盛んだったが、大正時代から観光の鵜飼が始まった。

07-2 三次・鵜飼

　現在は人口4万9000人の三次市は、1954(昭和29)年に双三郡の三次町と十日市町などが合併して成立している。その後に郡内の町村を合併したことで、双三郡は消滅した。街を流れる馬洗川の南側には、JR芸備線が走っており、玄関口となる三次駅が置かれている。この三次駅も芸備鉄道時代は、十日市駅、備後十日市駅を名乗っており、1954(昭和29)年に三次駅となった。それ以前の三次駅は現在、西三次駅となっている。なお、芸備線とともに2018(平成30)年までは、島根県の江津駅との間を結ぶ三江線も走っていた。

　三次といえば、夏の時期に馬洗川で開催される鵜飼が有名である。その起源は毛利氏に敗れた尼子氏の落武者が行っていたといわれ、江戸時代の三次藩の時代に鵜匠制度が確立された。その後、漁労鵜飼、観光鵜飼が行われていたが、漁労は廃れ、現在は観光用のみ行われている。また、三次の名所としては、桜と紅葉の美しさで知られる尾関山がある。この山の名称は、福島正則が三次に配した家臣、尾関正勝による。

尾関山公園【大正期】
かつては三吉氏の城があり、安芸国を支配下に置いた福島正則の家臣、尾関正勝が入城したことから、その名が付いた。

尾関山公園【昭和戦前期】
尾関山公園の展望台からは江の川、三次市街が一望にできる。

松原公園【昭和戦前期】
江戸時代には藩の船着場で、住吉神社の境内でもあった。土手の強化のために植えられた松が名称の由来となった。

三次大津【大正期】
江の川の下流にあたる作木町大津の風景か。

尾関山公園【昭和戦前期】
春はサクラ、秋は紅葉の名所となる尾関山公園。

備後府中全景【大正期～昭和戦前期】
石州街道出口から目崎を望む。中央の長蔵は亀屋こと桑田酒造。清酒「芦田鶴」「天晴」を製造した。本通沿いには右から光
円寺・明浄寺。左上の道は新市方面へ通じる。

芦田川より岩鼻を望む【大正期～昭和戦前期】
市街西側、芦田川沿いの目崎町付近。京都・嵐山に倣って、「備
後嵐山」とも称された。現在では道が拡張されている。発行
元は本町（現・府中町）の松本雑貨店。

県立府中中学校【昭和戦前期】
現在の広島県立府中高校。1921（大正10）年、県立芦品中学
校として設置された。1923（大正12）年に府中中学校と改称、
戦後に府中高等女学校と統合され、新制高校となった。

07-3 備後府中

　広島県には、2つの「府中」が存在する。ひとつはこの府中市（備後府中）で、県南東部にある。もうひと
つは安芸郡府中町（安芸府中）で、こちらは広島市に隣接する西部に存在する。どちらも、江戸時代以前に国
府があった場所から地名が生まれている。

　府中市は、南北に細長い形で、福山市、尾道市、三次市などと接している。江戸時代にはほとんどが福山藩
領で、1889（明治22）年に芦田郡府中市村が成立。1896（明治29）年に府中町となった。1954（昭和29）年、芦
品郡の府中町、岩谷村などが合併して府中市が誕生。2004（平成16）年には甲奴郡上下町を編入した。市の名
物として、府中味噌、府中焼きがある。

　府中市の東北に位置する神石高原町は、人口約8000人で、2004年に神石郡の神石町、油木町などが合併し
て成立している。この町の特産品としては、日本を代表する和牛の「神石牛」が存在する。日清・日露戦争
時には、牛肉の缶詰輸出の主力であり、現在は統一ブランド「広島牛」の中の地域ブランドとなっている。

神石牛【大正期】
広島県神石郡産牛品評会での光景。左から1~3等賞を受賞した神石牛。神石では家畜市場が油木・小畠・永渡・呉ヶ峠に設置され、毎週牛市が開かれた。

第5回広島県神石郡産牛品評会【大正期】
神石牛産牛畜産組合主催の品評会の風景。多くの観客が集まっていることがわかる。毎回、県畜産技師を審査員として迎えて、盛大に行われていた。

備後水力電鉄府中変圧所【大正期~昭和戦前期】
「備後水力電鉄」は1900（明治33）年、福山~府中間の鉄道開通を目的に設立されたが、後に鉄道事業を断念して、「備後水力電気」と改称して電力事業を行った。写真には外国人技術者の姿も映る。発電所は府中の諸田町永野山にあった。

第5回広島県神石郡産牛品評会【大正期】
品評会で受賞した牛が並んだ行列。見送る人々の姿が印象的である。

吉田郡山城址遠望【昭和戦前期】
毛利氏の居城であった吉田郡山城址は、多治比猿掛城とともに国の史跡に指定されている。

毛利家一族墓所【昭和戦前期】
洞春寺境内跡、毛利元就墓所の下段にある毛利家一族墓所。大通院谷にあったものが1869（明治２）年に改装された。

大江隆元墓所【大正期】
1563（永禄６）年に急死した、毛利元就の長男、毛利（大江）隆元の墓所。石垣をめぐらせた土墳になっている。

清神社【昭和戦前期】
郡山の麓にある清（すが）神社は、祇園社と呼ばれ、毛利氏の崇敬を集めていた。境内にそびえる杉の大木は樹齢1000年を超すといわれる。

吉田小学校【昭和戦前期】
1873（明治６）年、益習館として開校した現・安芸高田市立吉田小学校。1919（大正８）年に２階建ての校舎が建てられた。

毛利元就墓所【昭和戦前期】
吉田郡山城にあった洞春寺に設けられた毛利元就の墓所。1571（元亀２）年に没し、翌年に墓が建立された。

07-4 安芸吉田

　大内氏、尼子氏に代わって中国の太守となった毛利氏は、鎌倉幕府の政所初代別当を務めた大江広元の流れを汲んでいる。安芸国に下った毛利氏が本拠としたのは高田郡吉田荘で、後には吉田郡山城を本拠地とした戦国大名となった。この吉田郡山城は、現在の安芸高田市がある吉田盆地の北、郡山にあった。築城された年代は不詳で、毛利元就の時代に整備、拡張された。しかし、この郡山城は交通の便が悪く、1591（天正19）年に広島城が完成すると、当主の毛利輝元は新しい城に移り、やがて廃城となった。

　郡山城があった高田郡吉田村は、1896（明治29）年に吉田町となった。その後、2004（平成16）年に高田郡の６つの町が合併して、安芸高田市が誕生した。現在の人口は約２万7000人である。市内では、郡山城跡は国の史跡となっており、毛利元就、毛利一族、毛利隆元墓所、郡山合戦古戦場などがある。

吉田町全景【昭和戦前期】
高田郡吉田町は、2004（平成16）年の合併により、安芸高田市の一部となった。

稲田橋【大正期】
多治比川に架かる稲田橋は、スサノオノミコトの伝説に登場する稲田姫から名付けられた。

猿掛城址【昭和戦前期】
吉田郡山城の支城だった多治比猿掛城址。毛利元就が城主となり、育った場所でもある。

多治比川下流【大正期】
吉田町の商店街中央を流れる多治比川は、吉田の市街地で江の川と合流する。

毛利元就火葬場跡【昭和戦前期】
「毛利洞春君火葬處」の石碑が残る、毛利元就火葬場跡。

天下ノ名勝帝釋峡（廣島縣）櫻橋

註文主　　　山陽中央水電株式會社
設計・製作　松尾鐵骨橋梁株式會社
橋　造　　　二鉸拱橋
橋床鐵筋コンクリートアスフアルト仕上

桜橋【昭和戦前期】
1937（昭和12）年に開通した人道橋、桜橋。2011
（平成23）年に国の登録有形文化財に指定された。

07-5　帝釈峡・庄原

紅葉橋【大正期～昭和戦前期】
1930（昭和5）年に架橋された紅葉橋（初代）。その後、二代
目紅葉橋ができて、現在は人道橋、神竜橋となっている。

現在の紅葉橋（初代）。初代の橋は人道橋として健在。現在は
神龍橋と呼ばれている。

石雲山【昭和戦前期】
709（和銅2）年、行基により
建立されたと伝わる古刹、石
雲山永明寺。

永明寺【大正期】
岸壁を前に建つ永明寺の本
堂。帝釈天を祀っている。

雄橋【昭和戦前期】
雄橋は全長90メートル、幅18メートル、厚さ24メートル、川底からの高さ メートルの石灰岩の天然橋で、帝釈峡の見どころのひとつとなっている。

堰堤【昭和戦前期】
1924（大正13）年に完成した帝釈川ダムの堰堤は当時、日本一の高さを誇っていた。

石雲山【大正期】
帝釈峡は、帝釈天を本尊とする石雲山永明寺から名付けられた。

庄原の上野公園桜【昭和戦前期】
上野公園には1933（昭和8）年から約2000本のサクラが植えられたことで、花見の名所になっていた。

　庄原市と神石高原町にまたがる帝釈峡は、広島を代表する観光地のひとつで、1963（昭和38）年に比婆道後帝釈国定公園に指定されている。高梁川の支流である帝釈川に沿った全長18キロにわたる峡谷で、遊歩道の散策とともに、神竜湖から帝釈川ダム付近までは遊覧船で巡ることもできる。帝釈川ダムは、1924（大正13）年に完成した歴史の古いダムである。名所は数多いが、天然記念物に指定されている雄橋や、鍾乳洞の白雲洞、断魚渓などがある。桜橋、紅葉橋（紅葉橋）も、国の登録有形文化財に指定されている。
　庄原市は県東部に位置しており、現在の人口は約3万3000人で、全国有数（第13位）の面積を有している。1954（昭和29）年、庄原町、敷信村などが合併して、庄原市が成立。2005（平成17）年に比婆郡西城町、東城町などと合併して市域を広げた。庄原上野公園は、桜の名所として有名で、日本さくら名所100選に指定されている。

庄原の上野池【昭和戦前期】
庄原市にある上野池は、江戸時代に造営された灌漑用の池で、公園として整備されていた。弁天橋からボートを眺める女性たちがいる。

07-6 塩田、特産品

　広島では、昭和40年代まで塩づくりが盛んで、松永、竹原、瀬戸田などに塩田が広がっていた。松永における塩づくりの様子が、一連の絵葉書として残されており、ここで紹介している。福山の西にあたる松永は、1954（昭和29）年に沼隈郡松永町、金江村などが合併して松永市が成立したが、1966（昭和41）年に福山市と合併して、その一部となった。江戸時代、福山藩士の本庄重政が松永湾を開拓し、塩田を開発して以来、塩の製作が盛んだった。

　広島といえば、牡蠣と海苔も名産である。太田川が注ぐ広島湾は、海苔の栽培には絶好の場所で全国有数の海苔の産地だった。戦後も栽培は盛んだったが、干潟が埋め立てられて工場用地となり、1980（昭和55）年に幕を閉じた。また、牡蠣の養殖は安土桃山時代の天文年間（1532～1535年）に始まったといわれる。産地は、草津、江波、仁保などが有名である。

入浜塩田の沼井台【昭和戦前期】
塩のもととなるかん水を抽出する装置、沼井（ぬい）。「たれ舟」とも呼ばれている。

入浜塩田の浜曳【昭和戦前期】
塩田の砂に筋目を付ける道具「こまざらい」を持つ男性。

入浜塩田の寄せ【昭和戦前期】
「すくばち」を使って、塩分の多い砂を集める女性。日光を防ぐ服装をしている。

海苔梳【大正期】
みすの上で、海苔を梳く（漉く）浜の女性たち。広島名産を示す絵葉書。

向洋の海苔洗【大正期】
向洋（現・府中町）における海苔洗の風景。海苔作りの一コマ。

久友村の久比柑橘園【昭和戦前期】
現在は呉市の一部となっている大崎下島の久友村における柑橘栽培の様子である。

現在の海苔養殖風景

牡蠣の加工【大正期】
広島名産の絵葉書から、牡蠣の加工風景。女性たちが並んで作業している。

備後三次町鳥瞰図【昭和戦前期】
吉田初三郎が手掛けた現・三次市の鳥瞰図で、表紙には名物の鵜飼とともに鯉（カープ）が大きく描かれている。絵図の中央には西城川、馬洗川の流れが描かれ、旭橋、巴橋付近で合流している。このあたりでは篝火を焚く鵜飼舟が多数見える。また左手の下流では、可愛川が合流し、江の川となって島根方面に流れて行く。巴橋の両たもとには、住吉神社と松原公園、弁天社が存在していた。

鳥瞰図「天下の絶景　三段峡」【昭和戦前期】
「天下の絶景　三段峡」と題された、金子常光による鳥瞰図で、パノラマの絵図の下には三段峡の絶景と付近の名所の写真が付けられている。三段峡は、現在の安芸太田町と北広島町を流れる柴木川流域にある長さ約16メートルの峡谷。帝釈峡とともに海外にも知られる絶景スポットである。国の特別名勝になっており、中でも見どころは三ツ滝、三段滝、二段滝（現在は一段）という滝の姿である。

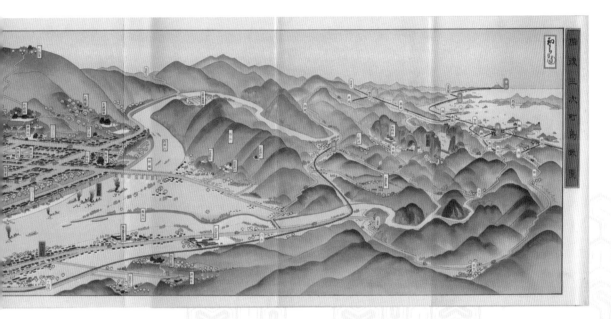

鳥瞰図「天下の名勝　帝釈峡」【昭和戦前期】

1931（昭和6）年に発行された「天下の名勝　帝釈峡」というタイトルの鳥瞰図で、金子常光によるもの。常光作の「天下の絶景　三段峡」とほぼ同様のスタイルで、パノラマの絵図の下に名所の写真が付けられているが、こちらは数が少なく解説文が主体である。右端の東条付近には、白雲洞や帝釈天永明寺、石雲橋、鬼の岩屋などが点在し、創業270年で現在も営業を続ける角屋旅館があることがわかる。

狗　賓　嶽

印刷所　日本名所図絵社

印刷兼
発行者　赤木　完一

東京市四谷區濠端町三ノ五一

廣島縣比婆郡東城町

不許
複製

昭和六年十一月一日印刷
昭和六年十一月五日発行

小山　たゑ

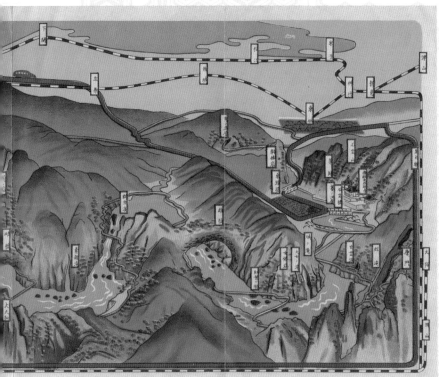

帝釈遊覧自動車案内【昭和戦前期】
バスによる帝釈峡の遊覧案内図で、帝釈峡に行くには、広島から三次、塩町を経由して東条に至るルートと、福山から（備後）府中、上下を至るルートの2つのバス路線があることがわかる。帝釈峡の観光スポットとしては雄橋、断魚渓などが有名である。現在は中国自動車道が北側を走っており、東城インターチェンジ、庄原インターチェンジとともに、2つ（上下線）の帝釈峡パーキングエリアが置かれている。

【著者プロフィール】

生田 誠（いくたまこと）

1957年、京都市東山区生まれ。実家は三代続いた京料理店。副業として切手商を営んでいた父の影響を受け、小さい頃より切手、切符、展覧会チケットなどの収集を行う。京都市立堀川高校を卒業して上京し、東京大学文学部美術史専修課程で西洋美術史を学んだ。産経新聞文化部記者を早期退職し、現在は絵葉書・地域史研究家として執筆活動などを行っている。著書は「ロスト・モダン・トウキョウ」（集英社）、「モダンガール大図鑑　大正・昭和のおしゃれ女子」（河出書房新社）、「2005日本絵葉書カタログ」（里文出版）、「日本の美術絵はがき 1900-1935」（淡交社）、「東京古地図散歩【山手線】」（フォト・パブリッシング）ほか多数。

【執筆協力】

碓井直樹

ふるさと広島 今昔散歩

広島・宮島・呉・尾道・福山・瀬戸内の街と島々・県北部

2021年9月24日　第1刷発行

著　者………………生田 誠
発行人………………高山和彦
発行所………………株式会社フォト・パブリッシング
　　　　　　　　　〒161-0032　東京都新宿区中落合2-12-26
　　　　　　　　　TEL.03-5988-8951 FAX.03-5988-8958
発売元………………株式会社メディアパル（共同出版者・流通責任者）
　　　　　　　　　〒162-8710　東京都新宿区東五軒町6-24
　　　　　　　　　TEL.03-5261-1171 FAX.03-3235-4645
デザイン・DTP ………柏倉栄治（装丁・本文とも）
印刷所………………株式会社シナノパブリッシング

ISBN978-4-8021-3260-2 C0026